TREINREIZEN
De bijzonderste en mooiste routes van de wereld

Opdracht

Voor de leden van de Irish Railway Record Society die de wereld zijn rondgereisd op zoek naar interessante spoorlijnen.

Deze bladzijden: sinds de herontdekking in 1911 is Machu Picchu in Peru uitgegroeid tot een van de drukst bezochte archeologische vindplaatsen ter wereld. De beste manier om er te komen is per trein.

Vorige bladzijde: de West Coast Wilderness Train in Tasmanië, Australië, gaat over een tandradspoorweg.

INHOUD

Hiernaast: de treinen van PeruRail rijden dagelijks meerdere keren op en neer op de smalspoorlijn tussen Machu Picchu en Cusco (Poroy).

Inleiding	6

TOEGANGSPOORTEN TOT EXOTISCHE REIZEN

De *Oriënt-Express*: van Parijs naar Istanboel	10
Van Londen naar Iberië en verder	18
De Trans-Siberische spoorlijn	22
De Trans-Mongolische spoorlijn	30

AZIË

PAKISTAN
Spoor over de Khyberpas	36

INDIA
Trein naar de raj: van Kalka naar Shimla	40

JAPAN
De lokale treinen van Hokkaido	42

SRI LANKA
Van Colombo naar Kandy en verder de heuvels in	52

ZUIDOOST-AZIË
Vietnams *Herenigingsexpres*	56
De Crémaillèrespoorlijn van Dalat	62
Van Singapore naar Bangkok met de *Eastern & Oriental Express*	64
De oude stoomspoorlijn van Noord-Borneo	70

NOORD-AMERIKA & HET CARIBISCH GEBIED

VS & CANADA
De Alaska Railroad	76
De Quebec, North Shore & Labrador Railway	80
De Adirondack Scenic Railroad	84
De California Western Railroad	90
De South Shore	96

CUBA
Ferrocarriles de Cuba	100
De Hershey Electric Railway	104
Behoud van Cubaanse spoorwegen	108

TEN ZUIDEN VAN DE EVENAAR

CHILI
Van Talca naar Constitución	114

PERU
Het Titicacameer en de route van de *Andean Explorer*	118
Treinen naar Machu Picchu	120

BOLIVIA
Van Potosí naar Sucre	122
Oruro-Uyuni-Villazón	126

ECUADOR
Avonturen op de lijn Guayaquil-Quito	128

ZIMBABWE
De Victoria Falls Steam Train Company	134

KENIA
Van Mombasa naar Nairobi	138

AUSTRALIË
Van Perth de heuvels in met de Hotham Valley Tourist Railway	142

Het meerrailige spoor van West-Australië	146	**FINLAND**	
De West Coast Wilderness Railway	152	Naar de Noordpool, op Finse wijze	178
The Ghan	158		
		NOORWEGEN	
AAN DE RAND VAN EUROPA		De spoorlijnen Bergen en Flåm	184
OEKRAÏNE		**PORTUGAL**	
Van Boedapest naar Oekraïne en terug	164	Portugese trams	188
ESTLAND		**IERLAND**	
Voormalige Sovjetspoorwegen in een nieuwe economie	172	Ierse nevenlijnen	194
		Bronnen en dankwoord	204
		Register	206

INLEIDING

Dit boek laat u kennismaken met 's werelds bijzonderste en mooiste spoorlijnen. Maar wat is 'bijzonder'? Voor sommige reizigers zijn spoorlijnen in verre uithoeken van de wereld bijzonder, andere lezers denken wellicht aan een willekeurige schitterende reis voorbij de grenzen van hun eigen woongebied, en voor weer anderen betreft het lijnen die zelden worden gebruikt. De machinist die een trein bedient op een rustige nevenlijn in het randgebied, vindt zijn dagelijkse werk niet echt bijzonder, en de forens die elke dag dezelfde reis maakt, vindt de tocht niet heel fascinerend, maar een bezoeker van duizenden kilometers ver weg kan genieten van elke bocht op het traject.

Een bijzondere treinreis omvat misschien unieke vergezichten, geïsoleerd en bijzonder natuurschoon, of de kans om andere culturen te ontdekken en nieuwe mensen te ontmoeten. Het kan een kans zijn om te reizen met opvallend, antiek of anderszins bijzonder materieel, of een mogelijkheid om te reizen over een interessant spoorwegennet of een bijzondere infrastructuur. Sommige reizigers verlangen luxe accommodatie in speciale eersteklastreinen die van alle gemakken zijn voorzien, andere willen best op een bescheidener manier reizen op een vergeten nevenlijn met alleen standaardrijtuigen.

Het karakter van treinreizen in ontwikkelingslanden is de laatste decennia sterk veranderd. De meeste reizen waarvoor avontuurlijke treinfanaten warmliepen, met name in Afrika, Midden- en Zuid-Amerika en het Midden-Oosten, zijn niet meer mogelijk. Economische of politieke veranderingen hebben geleid tot de sluiting van reguliere lijnen of hebben het reizen per trein voor buitenlanders vrijwel onmogelijk gemaakt. In de jaren tachtig van de vorige eeuw kon men in Mexico bijvoorbeeld allerlei bijzondere treinreizen maken, maar tegenwoordig zijn de meeste overgebleven Mexicaanse spoorlijnen verstoken van reguliere passagiersdiensten, afgezien van een handvol treinen. Daardoor zijn sommige in dit boek beschreven treinreizen helaas niet meer mogelijk.

Ook internationale langeafstandstreinen hebben het moeilijk. Politieke problemen, goedkope luchtvaartmaatschappijen en de voortdurende uitbreiding van het snelwegennet hebben hun tol geëist. Nevenlijnen, ooit de favoriete lijnen van spooravonturiers, hebben enorm geleden. Als een land financiële problemen heeft, worden de nevenlijnen vaak als eerste opgeofferd. Zelfs landen met goed ontwikkelde spoordiensten pakken soms de nevenlijnen aan als het financieel wat minder gaat. Ga er daarom nooit van uit dat een trein op een nevenlijn die vandaag in de dienstregeling staat, morgen ook nog zal rijden. Wel gaat het in veel gebieden goed met de toeristische spoorlijnen; deze bieden uitstapjes aan op verschillende mooie en exotische routes. En in veel gebieden neemt de bezetting van lijnen van de voorsteden naar stadscentra en tussen verschillende steden gestaag toe.

Het plannen van een reis is ook veranderd, doordat veel spoorwegen de traditionele papieren dienstregeling hebben afgeschaft. De mogelijkheid om treintijden online op te zoeken, is fantastisch, maar het doorzoeken van internetpagina's kan ook frustrerend zijn en indruisen tegen de intuïtie. Vaak gaat de browser ervan uit dat reizigers weten waar ze naartoe gaan, en veel websites zijn niet geschikt om rustig een dienstregeling uit te pluizen, terwijl bijzondere, exotische reizen juist veelal op die manier moeten worden gepland. Zelfs belangrijke hulpmiddelen voor exotische reizen zoals de *Thomas Cook European Rail Timetable* bestaan niet meer. Het internet afspeuren kan in theorie actuele informatie opleveren, maar is in de praktijk vaak veel tijdrovender dan door de Thomas Cook bladeren, en leidt vaak niet tot het soort informatie dat de onverschrokken reiziger hoopt te vinden.

Toch zijn veel van de beroemdste treinreizen ter wereld, hoe afgelegen ook, relatief eenvoudig te plannen. Reisorganisaties en spoorwegmaatschappijen bieden bijvoorbeeld vakantiereizen aan. Touroperator Belmond, met zijn vlaggenschip de *Venice Simplon-Orient-Express*, biedt nog altijd verschillende hoogwaardige eersteklastreinreizen aan op populaire routes. In veel landen rijden spoorwegmaatschappijen reguliere diensten; veel daarvan kunnen niet als bijzonder worden bestempeld, maar enkele voldoen aan de hier genoemde criteria, waaronder een onregelmatige dienstregeling op nevenlijnen, nachttreinen over bergpassen, en reizen die landsgrenzen overschrijden.

De avontuurlijkste treinreizigers gaan verder dan de vaste dienstregelingen. Treinen kunnen worden gecharterd en individuele reizigers kunnen soms hun eigen kansen creëren. Zo behoort het uitzicht vanuit de cabine van een locomotief tot de beste op het spoor, maar er wordt zelden reclame voor gemaakt en vaak is de cabine officieel verboden terrein voor gewone passagiers. Als de enige trein op een afgelegen, bijzondere route een incidentele onderhoudstrein is, kan het helpen om vriendschap te sluiten met de bemanning. Soms leidt dit tot een prachtige ervaring, en de vriendschappen die in de cabine van een locomotief worden gesloten, kunnen voor het leven zijn.

De reiziger die comfort en luxe wenst, kan zich beter beperken tot de bestaande luxe diensten, maar voor de onverschrokken spoorfanaat die de boeiendste spoorwegen van de wereld wil verkennen, zijn details als natjes en droogjes ondergeschikt aan de belevenis. Dit boek is voor beide soorten reizigers een leidraad en een inspiratiebron. Wacht niet als u een bepaalde spoorlijn wilt bereizen! U weet nooit wanneer onvoorziene gebeurtenissen het einde van een lijn inluiden of een reis anderszins onmogelijk maken. Bij reizen op het spoor is niets zeker.

Brian Solomon

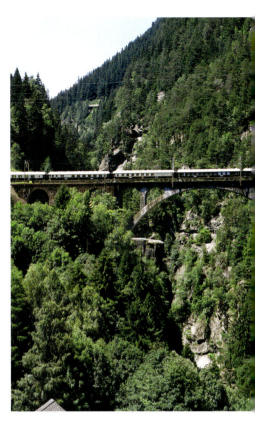

Boven: de Venice Simplon-Orient-Express van Belmond steekt via de Lötschbergpas de Zwitserse Alpen over. Hier rijdt de trein omlaag naar de plaats Brig.

Deze bladzijden: de Trans-Siberische spoorlijn in Rusland is een druk bereden vrachtroute, waarover ook de langste treinreizen van de wereld gaan. Elektrische locomotieven trekken een kolentrein over een kronkelend deel van de route in de regio Primorski, in het uiterste oosten van Siberië.

TOEGANGSPOORTEN TOT EXOTISCHE REIZEN

DE *ORIËNT-EXPRESS*: VAN PARIJS NAAR ISTANBOEL
In de ban van Europa's beroemdste trein

BRIAN SOLOMON

De Europese *Oriënt-Express* is nog altijd een van de beroemdste treinen ter wereld, met een route die wordt gekenmerkt door vele politieke veranderingen. Luxe toeristentreinen hebben de naam overgenomen, evenals elementen van de klassieke stijl die vaak met de *Oriënt-Express* wordt geassocieerd, maar de trein in zijn zuiverste vorm rijdt al tientallen jaren niet meer.

Thuisreizigers verwarren de *Oriënt-Express* vaak met de Russische Trans-Siberische spoorlijn, misschien omdat veel reizigers op die lijn van Europa naar China rijden. Er zijn echter belangrijke verschillen. De *Oriënt-Express* gebruikte meer dan een eeuw lang verschillende routes via diverse lijnen; de Trans-Siberische spoorlijn is een route waarover talloze verschillende treinen hebben gereden. Geen van de treinen van de *Oriënt-Express* is ooit in de buurt van de Trans-Siberische route gekomen. Oorspronkelijk was de *Oriënt-Express* een dienst die Parijs, Wenen, Boedapest en Istanboel met elkaar verbond; de Trans-Siberische spoorlijn loopt vanaf Moskou oostwaarts naar de havenstad Vladivostok aan de Grote Oceaan, met aftakkingen naar lijnen elders in Azië.

Een andere veelvoorkomende misvatting is het gebruik van de term 'Oriënt'. Voor de victoriaanse reiziger had de 'Oriënt' een heel andere betekenis dan tegenwoordig. Het verwees naar landen ten 'oosten' van West-Europa. Het Oost-Romeinse Rijk omvatte ook de 'Oriënt' – in feite een verwijzing naar de Balkan. Voor een toerist uit de victoriaanse tijd was de Balkan een exotisch gebied aan de rand van Europa, waar boeren in kleurrijke klederdracht garant stonden voor een bijzondere reiservaring. Constantinopel was de toegangspoort tot Azië aan de Bosporus, en het centrum van het Ottomaanse Rijk. Tegenwoordig betekent de 'Oriënt' vaak het Verre Oosten, dat eind negentiende eeuw voor treinreizigers vanuit Parijs letterlijk achter de horizon lag.

Wagon-Lits

In de negentiende eeuw maakte het gebrek aan spoorwegverbindingen reizen tussen de verschillende Europese landen een lastig, moeizaam proces. De Belgische ondernemer Georges Nagelmackers kwam met een innovatieve oplossing in de vorm van slaapwagons of *wagon-lits*. Hij was geïnspireerd door Pullman, die met slaaptreinen in de Verenigde Staten goede verbindingen onderhield tussen de belangrijke steden. Nagelmackers was de rijke zoon van een welvarende bankier, en een ingenieur die veel had gereisd. Nagelmackers' bedrijf, Compagnie Internationale des Wagon-Lits, bood iets dat geen enkele andere spoorwegmaatschappij in Europa wilde organiseren: luxe reizen over de grens, waardoor het reizen tussen verschillende landen veel eenvoudiger werd, met name voor rijke reizigers met veel bagage. Wagon-Lits combineerde het gemak van een stoomschip met de snelheid en de service van de spoorwegen. In de loop der jaren breidde Wagon-Lits zich uit over heel Europa en zette het meerdere luxe internationale diensten op, waarvan de *Oriënt-Express* nog altijd de bekendste is.

Boven en hiernaast: de Compagnie Internationale des Wagon-Lits adverteerde met comfort en reizen naar exotische bestemmingen. De Oriënt-Express van Parijs naar Istanboel was hun bekendste trein. In zijn hoogtijdagen bracht deze trein rijke en invloedrijke reizigers over de Balkan naar de Ottomaanse hoofdstad.

Het exotische beeld dat de reis van Parijs naar het oosten opriep, sprak veel mensen aan, zodat de *Oriënt-Express* van Wagon-Lits tientallen jaren bleef verkopen. Voor de puristen kwam met het begin van de Eerste Wereldoorlog een einde aan de ware *Oriënt-Express*, maar de trein werd, in naam en in karakter, in de loop der jaren keer op keer nieuw leven ingeblazen. Toen de rook van de oorlog was opgetrokken, kwam er een nieuwe dienst met de naam *Simplon Oriënt-Express* op een zuidelijke route door Frankrijk, Zwitserland, Noord-Italië en het oude Joegoslavië. Deze trein meed Duits en Oostenrijks grondgebied en maakte gebruik van de recent geopende Zwitserse Simplontunnel in de Alpen. Hij volgde een compleet

nieuwe route, via Milaan, Venetië, Triëst, Zagreb en Belgrado naar Istanboel (de officiële nieuwe naam voor Constantinopel na de oprichting van de moderne Turkse staat in 1922).

In de jaren twintig maakte het herstel van de Duitse en Oostenrijkse spoorlijnen het voor Wagon-Lits mogelijk om de traditionele route van de *Oriënt-Express* weer op te pakken, naast een route door de Alpen via de Arlbergpas in Oostenrijk, de *Arlberg Oriënt-Express*, die in 1932 van start ging. Vanwege de Tweede Wereldoorlog moest Wagon-Lits zijn diensten een aantal jaren opschorten, en in de jaren zestig maakte de Koude Oorlog het vrijwel onmogelijk om met de trein verder te rijden dan Wenen, waardoor het meest exotische deel van de reis wegviel. De trein bleef de naam *Oriënt-Express* voeren, maar verschilde nog slechts in weinig van de andere Europese sneltreinen die van stad naar stad reden. De *Oriënt-Express* bleef bestaan tot het begin van deze eeuw, maar had niets meer van de panache van zijn historische voorloper.

Boven: de Venice Simplon-Orient-Express probeert de klassieke stijl van de jaren twintig en dertig van de vorige eeuw te evenaren in zijn nostalgische treinen.

Hiernaast: na de Eerste Wereldoorlog werd de route van de Oriënt-Express door Duitsland en Oostenrijk tijdelijk vervangen door de Simplon Oriënt-Express, die een zuidelijke route volgde via Frankrijk, door Zwitserland over de kort daarvoor voltooide lijn Bern-Lötschberg-Simplon, naar Italië en verder. De moderne Venice Simplon-Orient-Express brengt deze route opnieuw tot leven.

Venice Simplon-Orient-Express

Reizigers die het karakter van de luxe Europese Wagon-Lits-treinreizen willen herbeleven, kunnen hun hart ophalen in de klassieke trein van de *Venice Simplon-Orient-Express* van Belmond. De VSOE rijst met zestien rijtuigen uit het voormalige materiaal van Wagon-Lits. De meeste stammen uit de tijd tussen de twee wereldoorlogen. De rijtuigen zijn geschilderd in het traditionele roomwit en marineblauw en hebben een prachtig gerestaureerd interieur.

De romantische, tweedaagse reis gaat van Londen of Parijs naar Wenen, in Pullmanstijl en met een overnachting. De route vereist twee verschillende treinen, iets wat in de geschiedenis vaker is voorgekomen. Passagiers gaan in Victoria Station in Londen aan boord van een gerestaureerde Britse Pullmantrein en rijden naar de kust van Kent, waar ze overstappen op een veerboot. Op het vasteland stappen ze in een andere VSOE-trein, die is uitgerust voor de nachtelijke reis naar Italië. De VSOE-treinen rijden gewoonlijk van Calais in Frankrijk in zuidelijke richting via het Gare de l'Est in Parijs, dan in oostelijke richting door Zwitserland en zuidwaarts naar Verona in Italië, om te eindigen in Venetië. Het is in beide richtingen een schitterende reis, maar mensen lijken de voorkeur te geven aan de rit in zuidelijke richting.

Een alternatieve route start in Brugge in België en loopt via Duitsland. De 'Signature Journey' blijft dichter bij de route van Nagelmackers' eerste trein uit 1883 en gaat van Parijs naar Boedapest en Istanboel. Deze zesdaagse reis met vijf overnachtingen wordt soms maar eenmaal per jaar gemaakt. Voor alle VSOE-treinen van Belmond moet de accommodatie vooraf worden geboekt.

De route van de oude *Oriënt-Express*

De oorspronkelijke trein van Nagelmackers startte bij het Gare de l'Est in Parijs, en reed van daaruit door Centraal-Europa naar Turkije. De Franse Compagnie de l'Est bracht de trein naar Elzas-Lotharingen (dat toen onder het bewind van de Duitse autoriteiten viel). Via verschillende Duitse staatsspoorlijnen reed hij verder via Karlsruhe en Stuttgart, de Geislinger Steige op en over de Beierse vlakte naar München. Ten oosten van Boedapest werd de route een aantal keer aangepast, omdat er steeds betere manieren werden ontwikkeld om de Bosporus te bereiken.

Het is jaren geleden dat u op het Gare de l'Est in een passagierstrein kon stappen die volgens dienstregeling rechtstreeks naar Istanboel reed, maar het is nog altijd mogelijk om deze route te bereizen met eersteklasdiensten, waarbij u de nachten doorbrengt in een slaapwagon. U moet onderweg wel overstappen, maar de reis gaat aanzienlijk sneller dan in de victoriaanse tijd. Voor de oorspronkelijke route was in het begin 75 uur reistijd nodig (en dat was al veel sneller dan de eerdere opties). Tegenwoordig kost de reis u slechts 58 uur, inclusief overstappen.

Begin op een zondag, zodat u eerst een hele dag kunt genieten van de culturele rijkdommen van Parijs. Breng bijvoorbeeld wat uurtjes door in het Louvre, op de rechteroever van de Seine. Wie zijn interesse voor het spoor wil combineren met kunst, kan een bezoek brengen aan het Musée d'Orsay, dat ooit het Gare d'Orsay was, een belangrijk station aan de spoorlijn Parijs-Orléans. Bezoek de Eiffeltoren of neem een van de RER-lijnen naar het paleis van Lodewijk XIV in Versailles. Dineer in Parijs voordat u aan boord gaat, want er wordt in de trein geen diner geserveerd. Wel zijn snacks en kleine maaltijden verkrijgbaar. Ga daarna op weg naar het Gare

Links: *de Oriënt-Express van Wagon-Lits vertrok vanaf het Gare de l'Est in Parijs. Deze trein bestaat niet meer, maar het oude station wordt nog volop gebruikt voor minder romantische diensten.*

Boven: boven op de Geislinger Steige in het Duitse deel van de route, de waterscheiding van de Rijn en de Donau.

de l'Est, een van de zes grote treinstations van Parijs. Het ligt vlak bij het Gare du Nord (eindpunt van de hogesnelheidstreinen *Eurostar* en *Thalys*). Zorg dat u de tickets voor de 'hoteltrein' City Night Line voor München al heeft geboekt, want reserveren is verplicht. De trein vertrekt om exact 20 uur vanaf perron 13 en rijdt in de loop van de avond en nacht naar de Beierse hoofdstad, grotendeels volgens hetzelfde traject als de oude *Oriënt-Express*.

Het spoor en materieel zijn er flink op vooruitgegaan sinds de eerste trein van Nagelmackers en u zoeft comfortabel over de rails. In de loop van de nacht steekt u de Duitse grens over. Daarna reist u via een van de steilste hoofdlijnen van Duitsland, de beroemde Geislinger Steige (1:44,5) ten oosten van Stuttgart, en verder via de historische stad Ulm. De tijd dat u moest wachten op een voorspanstoomlocomotief is allang voorbij; de route is tegenwoordig volledig elektrisch.

U komt iets na zevenen in de ochtend aan op het drukke München Hauptbahnhof en heeft twee uur en twintig minuten de tijd om op uw gemak van trein te wisselen. Neem de tijd voor een ontbijt in een van de restaurants in het station. Iets voor 9.30 uur vertrekt u met de RailJet (RJ63), die via Salzburg en Wenen naar

Boedapest rijdt. Het uitzicht vanuit deze prettige trein is schitterend. Op weg naar Wenen volgt u de Donauvallei. U rijdt gedeeltelijk over de oorspronkelijke lijn, maar moderne aanpassingen hebben de Oostenrijkse Westbahn veranderd in een moderne, snelle transportroute. Het stuk tussen Wenen en Boedapest volgt wel het oorspronkelijke traject.

De RailJet doet station Boedapest-Keleti (Ooststation) aan, het boeiendste station van de Hongaarse hoofdstad, met een enorme perronhal met een opvallend waaiervormig raam (zie blz. 165). Voor de *Oriënt-Express*

was dit een traditionele tussenstop. Naarmate u verder oostwaarts komt, worden de verschillen tussen West- en Oost-Europa steeds duidelijker.

In Boedapest stapt u over op een EuroNight-trein (EN473), die iets na 19 uur vertrekt. Deze trein heeft meer gemeen met de traditionele slaaptreinen uit de twintigste eeuw dan de extreem schone City Night Line. Hongaarse eersteklastreinen zijn echter van zeer hoge kwaliteit en deze is uitgerust met een restauratiewagen, dus eet vooral in de trein. De reis over de Hongaarse vlakte ten oosten van Boedapest vindt plaats in het donker, maar overdag rijdt u over de Transsylvanische Alpen (ook wel de Zuidelijke Karpaten genoemd), een gebied dat bekendstaat als de geboorteplaats van Vlad Tepes, de middeleeuwse vorst op wie Bram Stoker zijn Dracula heeft gebaseerd. Met een beetje fantasie reist u dezelfde route als Stokers Jonathan Harker, die vanuit Londen op weg gaat naar graaf Dracula.

Op București Nord (Station Boekarest-Noord) stapt u over op een Roemeense sneltrein, die u met slaapwagons naar Istanboel brengt. U heeft slechts twintig minuten de tijd, dus is het verstandig geen tijd te verspillen bij het overstappen.

U vertrekt om halfeen 's nachts uit Boekarest en reist via Bulgarije en West-Turkije naar Istanboel Sirkeci, waar u de volgende ochtend iets voor achten aankomt. U bent op zondagavond uit Parijs vertrokken en komt op woensdagochtend aan in Istanboel, na een reis door zeven landen. Het is niet langer een weelderige reis zonder onderbrekingen, maar nog altijd een van de mooiste treinreizen van de wereld.

Boven: een CityShuttle van de Oostenrijkse Staatsspoorwegen rijdt langs de Donau ten oosten van Ybbs, op de route die werd gebruikt door de oude Oriënt-Express.

Hiernaast: een ICE-trein van Deutsche Bahn onder aan de beroemde Geislinger Steige.

VAN LONDEN NAAR IBERIË EN VERDER
Toegangspoort naar Noord-Afrika

BRIAN SOLOMON

Een toegewijde spoorreiziger mijdt andere vervoermiddelen als het mogelijk is om de trein te nemen. De redenen kunnen uiteenlopen, maar vervoer over de grond wordt geprefereerd boven de lucht, het spoor boven de weg, en over

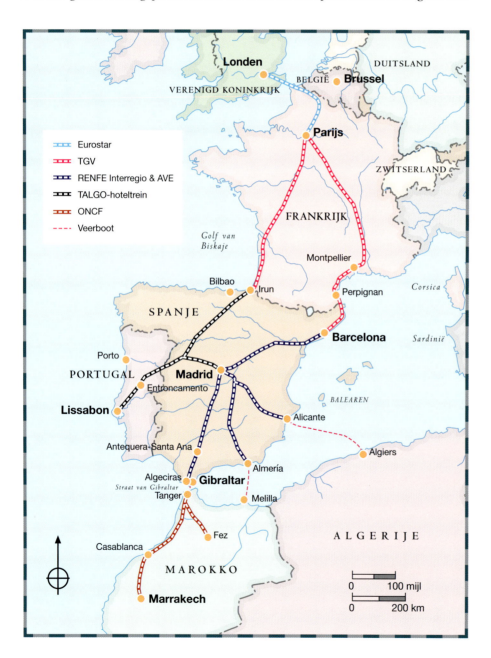

water wordt een schip geprefereerd boven een vliegtuig. Een reis die volledig met de trein gaat, of met de trein en een boot, is tegenwoordig niet goedkoper meer, maar de belevenis is wel veel authentieker. Zelfs een hogesnelheidstrein geeft u een beter idee van afstand, landschap, klimaat en de manier waarop plaatsen van elkaar verschillen.

Door politieke, economische en mondiale veranderingen zijn veel internationale treinreizen lastiger geworden. Wel is het dankzij de uitbreiding van het Europese hogesnelheidslijnennet en de opening van de Kanaaltunnel in 1994 eenvoudiger om een treinreis te maken van een stad in het Verenigd Koninkrijk naar het vasteland van Europa. Eerder moesten passagiers die naar het vasteland wilden, een veerboot over het Kanaal nemen.

Sinds de negentiende eeuw is het mogelijk om volledig per trein van Parijs naar Spanje en Portugal te reizen. De Frans-Spaanse grens werd vaak overgestoken tussen Hendaye en Irun, waar passagiers meestal van trein moesten wisselen vanwege het verschil in spoorwijdte tussen de Iberische lijnen en de Franse spoorwegen. De luxe *Sud Express* van Wagon-Lits reed via deze route van Parijs naar Madrid en Lissabon. Voor de Eerste Wereldoorlog was dit een van de comfortabelste treinen ter wereld. In de jaren vijftig van de vorige eeuw was de lijn Madrid-Irun een van de eerste routes waar moderne, gestroomlijnde lichtgewichttreinen reden van het Spaanse bedrijf TALGO. Later maakten TALGO-treinen met een aanpasbare spoorwijdte het mogelijk om diensten aan te bieden tussen Barcelona en Zuidoost-Frankrijk en verder naar Zwitserland.

In de jaren negentig importeerde Spanje de Franse hogesnelheidstechnologie voor het spoor en kwamen er gloednieuwe hogesnelheidslijnen tussen de belangrijkste steden; deze routes werden aanvankelijk gebruikt door speciale TGV-treinen (*Trains à Grande Vitesse*), in Spanje *Alta Velocidad Española* (AVE) genoemd. De Spaanse AVE maakt gebruik van de continentale spoorwijdte. In 2010 werden de hogesnelheidsnetwerken van Frankrijk en Spanje eindelijk op elkaar aangesloten. Het is nu mogelijk om van Londen per hogesnelheidstrein naar verschillende bestemmingen op het Iberisch Schiereiland te reizen – al moet u onderweg nog wel af en toe overstappen.

Begin in Londen in het schitterend verbouwde internationale treinstation St Pancras, met zijn victoriaanse, ballonvormige ijzeren perronhal en het schit-

Boven: de Kanaaltunnel verbindt sinds 1994 Londen rechtstreeks per spoor met het vasteland. Aanvankelijk reden Eurostar-treinen naar een internationale terminal van Waterloo Station, maar in 2007 nam het verbouwde St Pancras de rol van internationaal treinstation over. St Pancras heeft de eerste ballonvormige perronhal, naar een ontwerp van R.M. Ordish, en gebouwd door de Butterley Company uit Derbyshire. De victoriaanse hal vormt een groot contrast met de snelle Eurostar-treinen.

Links: op het Franse hogesnelheidsnetwerk verbindt de moderne TGV (Train à Grande Vitesse) Parijs met verschillende steden in Europa. Een rit met de TGV kan een etappe vormen van de reis tussen Londen en Lissabon, of Londen en Noord-Afrika.

terende Grand Midland Hotel. Hiervandaan vertrekken *Eurostar*-hogesnelheidstreinen naar zowel Brussel als Parijs. Deze treinen rijden met snelheden tot 300 km/uur, waardoor een reistijd van iets minder dan tweeënhalf uur naar het Gare du Nord in Parijs mogelijk is. De volgende etappe is waarschijnlijk het lastigst: u moet Parijs doorkruisen per metro naar het Gare de Lyon, vanwaar een TGV naar Barcelona vertrekt. Deze trein rijdt in zesenhalf uur door Frankrijk en over de Spaanse grens. In Barcelona moet u weer overstappen; van daaruit is het nog maar drieënhalf uur met de Spaanse AVE naar Madrid.

Links: de Spaanse Nationale Spoorwegen worden RENFE genoemd. Ze maken gebruik van enkele van 's werelds snelste treinen op het AVE-netwerk (Alta Velocidad Española).

Spanje had vanouds dezelfde spoorwijdte van 1676 millimeter als buurland Portugal, waardoor de landen voor treinverkeer met elkaar verbonden waren. Het was mogelijk om via verschillende routes rechtstreeks tussen de twee landen per trein op en neer te reizen. Helaas zijn deze diensten niet meer wat ze ooit geweest zijn, maar het is nog altijd mogelijk om de reis te maken met reguliere, comfortabele treinen. Een nachttrein met onopvallende TALGO-wagons vertrekt 's avonds vanaf Madrid-Chamartin en arriveert 's morgens vroeg in Lissabon.

Een andere optie is om de TGV van Paris Montparnasse naar Irun te nemen, en dan over te stappen op de *Sud Express*, een hoteltrein van TALGO die rechtstreeks naar Lissabon rijdt, maar die dienst is op deze route minder frequent.

Overweeg een nog groter avontuur. Reis van Londen naar Barcelona en dan via de AVE naar Antequera-Santa Ana, waar u overstapt op een Interregiotrein naar Algeciras, vanwaar u per veerboot over de Straat van Gibraltar naar Tanger in Marokko vaart. Vanuit Madrid kunt u ook met een Spaanse trein naar Alicante, Almería of Málaga, vanwaar u per veerboot Noord-Afrikaanse bestemmingen in Marokko en Algerije kunt bereiken. De Marokkaanse spoorwegen – de Office National des Chemins de Fer du Maroc (OMCF) – beschikken over een modern passagiersnetwerk, met treinen die van Tanger naar onder andere Casablanca, Marrakech en Fez rijden.

Onder: de nachtelijke hoteltrein tussen Lissabon en Madrid maakt een tussenstop in Entroncamento, Portugal. Beide hoofdlijnen op het Iberische Schiereiland maken gebruik van breedspoor, zodat de grens eenvoudig kan worden overgestoken.

DE TRANS-SIBERISCHE SPOORLIJN
's Werelds langste spoorlijn

BRIAN SOLOMON

Vanwege zijn grote lengte en zijn enorme bereik is de Trans-Siberische spoorlijn al lange tijd de populairste pelgrimstocht van wereldreizigers en spoorliefhebbers. Wie deze reis heeft gemaakt, vergeet dat nooit weer.

De Trans-Siberië bestaat uit meerdere met elkaar verbonden routes, die op verschillende manieren kunnen worden bereisd. De oorspronkelijke Trans-Siberische route werd aangelegd in de tijd van de tsaren om Moskou te verbinden met de havenstad Vladivostok aan de Grote Oceaan. In 1892 ging de bouw aan beide uiteinden van start. In 1905 werd de lijn geopend. Hij leverde een grote bijdrage aan het bewoonbaar maken van het woeste Siberische grondgebied. Het grootste deel van het traject is tegenwoordig een geheel geëlektrificeerde dubbelspoorlijn, die dient als hoofdlijn in het Russische spoornetwerk. Het is een veelgebruikte vrachtroute, een vitale passagierslijn voor honderden gemeenschappen langs de route en een razend populaire route voor toeristen en reizigers.

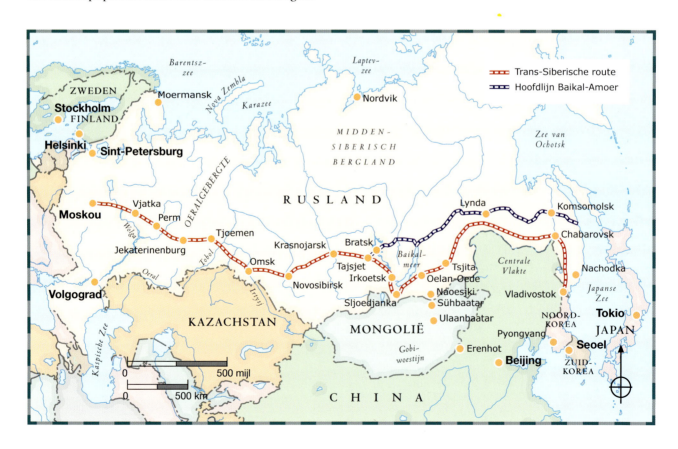

22 TOEGANGSPOORTEN TOT EXOTISCHE REIZEN

De klassieke aanpak is om de reis te beginnen in Moskou en dan door heel Rusland te reizen, 9297 kilometer, met de *Rossija* naar Vladivostok. Deze tocht duurt zeven dagen en zes nachten. Een reiziger beschreef Vladivostok als 'San Francisco zonder glamour'. De reis kan ook in omgekeerde richting worden gemaakt, maar de meeste mensen reizen van west naar oost.

Slechts weinig spoorreizigers schrijven over een retourreis door Rusland, maar puristen halen hun neus op bij het idee het vliegtuig te nemen naar een van de eindpunten van de Trans-Siberische spoorlijn. Zij pleiten ervoor om over land vanaf Londen, Parijs of een ander Europees spoorwegcentrum te reizen, en de reis aan de oostkant per spoor voort te zetten. Populaire alternatieven zijn de Trans-Mantsjoerijse spoorlijn en de Trans-Mongolische spoorlijn, waarbij de Siberische etappe van de reis eindigt in China; op beide routes is Beijing een populaire bestemming (zie blz. 30-33).

In de tijd van de Sovjet-Unie was Vladivostok verboden terrein voor buitenlanders, omdat er een belangrijke marinebasis was gevestigd. Buitenlandse reizigers werden via een zijtak van de Trans-Siberische route via Ussunysk omgeleid naar Nachodka. Een alternatieve route door Oost-Siberië loopt via de 'Tweede Trans-Siberische spoorlijn', de BAM-lijn (Baikal-Amoer Magistral), die ten noorden van de eerste route loopt. De BAM-spoorlijn verlaat bij Tajsjet (4522 kilometer ten oosten van Moskou) de route en eindigt in de havenstad Sovjetskaja Gavan aan de Grote Oceaan.

Boven: de Basiliuskathedraal op het Rode Plein is een van de herkenbaarste voorbeelden van Moskouse architectuur. De in 1561 voltooide kathedraal is een nalatenschap van Ivan de Verschrikkelijke. Veel Trans-Siberische toeristen brengen een bezoek aan Moskou voordat ze beginnen aan hun oostwaartse reis over de schijnbaar oneindige taiga.

Siberië

De Trans-Siberische spoorlijn werd aangelegd om de regio en de aanwezige hulpbronnen te ontwikkelen. Deze vitale verbindingslijn was onmisbaar voor de exploitatie van Ruslands natuurlijke rijkdommen, net als de transcontinentale spoorlijnen in Amerika. In de tijd van de Sovjet-Unie bood een reis over de Trans-Siberische spoorlijn een kijkje in een communistische samenleving die grotendeels afgesloten was voor westerse bezoekers maar wel een grote aantrekkingskracht had op hen. Siberië was een gebied waar westerlingen graag naartoe trokken.

Met Gorbatsjov kwam een einde aan het oude regime. Jeans zijn niet langer een populair betaalmiddel. De Russische economie heeft zich opengesteld voor westerse investeringen, en het zakenleven heeft overal in Siberië de kop opgestoken. Toch lijkt een reis over de Trans-Siberische spoorlijn nog altijd een kijkje te geven in het ongrijpbare Siberië. Wie het aankan duizenden kilometers lang alleen maar berkenbomen voorbij te zien schieten, vangt af en toe een glimp op van deze onheilspellende, lange tijd verboden en fascinerende andere wereld – Siberisch Rusland.

Reizen op de Trans-Siberische spoorlijn

De *Rossija* is het paradepaardje op de Trans-Siberische route, met de beste accommodatie, mits u een eersteklaskaartje koopt. Deze trein bevat allerlei nieuwe technologieën die de Sovjetspoorwegen niet kenden, zoals airconditioning en goed werkende chemische toiletten. Als u enkel de lange lijn op de kaart tussen Moskou en de Grote Oceaan wilt invullen, is dit misschien de beste keus. De *Rossija* is echter niet altijd beschikbaar voor passagiers die tussenstops willen maken in tussenliggende bestemmingen. Voor wie echt op ontdekkingsreis wil, neemt een aantal andere treinen over de verschillende delen van de route. Dit zijn vaak oudere (of in elk geval niet opgeknapte), traditionele wagons. Om een beter beeld van Siberië te krijgen en de lange reis in stukken te breken, kunnen bezoekers het best ten minste één tussenstop maken.

Het maken van lange treinreizen in Rusland (en andere delen van de voormalige Sovjet-Unie) is lastig, doordat het moeilijk is kaartjes te bemachtigen en doordat zitplaatsen gereserveerd moeten worden. Anders dan in de meeste Europese landen kennen de Russische spoorwegen geen treinkaarten die de vrijheid bieden om op willekeurige stations in en uit te stappen. Zodoende wordt elke reis voorafgegaan door een uitgebreide planning en het moeizaam doorlopen van de Russische bureaucratie die nodig is voor het boeken van tickets, het reserveren van hotels en het verkrijgen van visa (bij voorkeur in die volgorde). Voor sommigen is dit te veel van het goede. Reizigers die niet vloeiend Russisch spreken en gezegend zijn met veel geduld, kunnen dit het best doen met behulp van een touroperator of een Russische gids. Verschillende bureaus helpen toekomstige Trans-Siberische toeristen bij de planning van hun reis, en er zijn gedetailleerde reisgidsen die zijn toegespitst op dit onderwerp.

Reizen met tweedeklastreinen is minder duur en biedt een aantal andere voordelen. In veel traditionele rijtuigen kunt u de ramen nog openzetten. Dat is in de winter niet echt nodig, maar een openstaand raam kan in de warmere maanden verkoeling geven en is welkom in de laatste etappes van de reis, omdat in de meeste treinen geen douches zijn. Ook maakt het het fotograferen eenvoudiger. Wel zijn open ramen soms lastig weer dicht te krijgen.

Het oudere materieel heeft vaak een op kolen gestookte samowaar achter in het rijtuig. Deze enorme gevaartes, die bijna de gehele hoogte van het gangpad in beslag nemen, leveren heet water voor thee, dat na afkoelen een schone bron van drinkwater is. De oudere wagons hebben een schoorsteen die door het dak steekt; het aroma van kolenrook geeft de reis iets historisch, ook al wordt de trein voortgetrokken door een elektrische locomotief.

Kenmerkend voor Russische treinen is de wagonbediende, meestal een vrouw, die *provodnitsa* wordt genoemd en onderweg reizigers helpt. Elke wagon heeft twee *provodnitsa's*, die diensten van halve dagen maken. Ze checken u in als u instapt en zorgen dat u in de juiste coupé en op de goede stoel terechtkomt (op langeafstandstreinen zijn geen vrije zitplaatsen). Daarnaast serveren ze thee en koffie (de eerste optie is aan te bevelen), en ruimen ze de rommel op die zich ophoopt tijdens lange reizen.

Bij treinen zonder chemische toiletten komt de viezigheid op het spoor terecht. Om te voorkomen dat stations en nabijgelegen woongemeenschappen worden bevuild, sluiten de *provodnitsa's* de toiletten ongeveer vijftien minuten voor aankomst op een station af. Ze bonzen dan op de deur en laten passagiers die op het verkeerde moment gebruikmaken van de faciliteiten luid en duidelijk weten dat ze eruit moeten komen. Houd daarom de dienstregeling goed in de gaten. De gehele reis wordt uitgegaan van de tijd in Moskou, ondanks het feit dat er acht of negen tijdzones worden gepasseerd.

Baikalmeer

Het Baikalmeer is een van de hoogtepunten op de Trans-Siberische route. Reizigers naar Vladivostok, maar ook de Trans-Mantsjoerijse en Trans-Mongolische spoorlijnen, doen deze bestemming aan. Het meer ligt in Oost-Siberië, ten zuidoosten van Irkoetsk, in de Boerjatische Autonome Republiek. Het is 's werelds grootste en diepste zoetwatermeer. De gemiddelde diepte is 730 meter; het diepste punt ligt ruim anderhalve kilometer (1609 meter) onder het wateroppervlak. Het meer bevat 80 procent van al het zoetwater in Rusland. Het is naar schatting 20 tot 25 miljoen jaar oud, en trekt al sinds het stenen tijdperk mensen aan. De oudste menselijke resten die er zijn aangetroffen, zijn zeker 15.000 jaar oud.

Het meer wordt omringd door bergen, die in de begintijd een flinke hindernis vormden voor de Trans-Siberische spoorlijn en de oplevering van de spoorlijn vertraagden. Tussen 1900 en 1904 werden treinen per veerboot over het Baikalmeer gevaren, tussen Baikal en Mysovaja op de oostelijke oever. In 1904 werd een uitbreiding rond het zuidwestelijke deel van het meer geopend, maar de treinferry's werden pas in 1916 helemaal afgeschaft. In 1950 werd de route langs het Baikalmeer voor de derde keer ingrijpend aangepast, nadat de Russen de rivier de Angara hadden ingedamd, waardoor de vallei onder Irkoetsk overstroomde en het waterpeil van het meer steeg. Om de dam en de laaggelegen Angaravallei te mijden, moest een compleet nieuwe lijn ten zuiden van Irkoetsk worden aangelegd om een knooppunt bij Sljoedjanka te bereiken. Deze nieuwe lijn is een van de indrukwekkendste delen van de Trans-Siberische route. De klim van de afsplitsing begint aan de oostkant van het station van Irkoetsk. Vlak bij de top van de lijn bedraagt het stijgingspercentage 2,3 procent – dit is het steilste deel van de hele route. De bochtige afdaling naar het Baikalmeer biedt fantastische vergezichten. Ten oosten

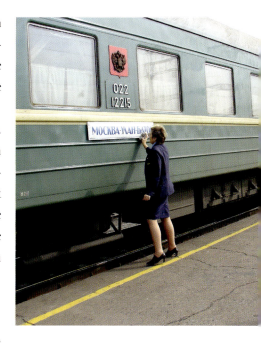

Boven: een provodnitsa *maakt het naambord schoon op de trein van Moskou naar Ulaanbaatar. De zware Russische passagierstreinen zijn schoon en functioneel, maar zelden luxe.*

Volgende bladzijden: de route van doorgaande treinen langs het Baikalmeer is veranderd, maar het ingekorte deel van de spoorlijn rond het Baikalmeer, de Krugobaikalka, is nog open voor excursietreinen. Deze fraaie route volgt de rotsen langs de ruige westoever van het meer.

Boven: Novosibirsk ('Nieuw-Siberië') telt bijna anderhalf miljoen inwoners. De stad dankt zijn bestaansrecht aan de Trans-Siberische spoorlijn en de brug over de rivier de Ob. Een langeafstandstrein rolt over de lange brug – nog altijd een belangrijk bouwwerk op de route.

Links: het West-Siberische Spoorwegmuseum bij Novosibirsk toont historisch spoormaterieel, waaronder dit klasse-ER9 elektrische treinstel uit de Sovjettijd, dat is beschilderd in de klassieke kleuren. Dit type treinen werd begin jaren zestig van de vorige eeuw geïntroduceerd.

van Sljoedjanka loopt de lijn vlak langs de zuidoostelijke oever, waarbij de bergen in het noorden zichtbaar zijn achter het meer.

Een ingekort, 89 kilometer lang deel van de lijn uit 1904, de Krugobaikalka, volgt de ruige westelijke oever van Sljoedjanka naar Baikal, voor lokale diensten en pleziertreinen. Deze route bevat talloze tunnels door de rotsen langs het meer. Het is een van de schilderachtige omwegen die reizigers die de tijd nemen voor een tussenstop kunnen maken. Voor veel reizigers is het Baikalmeer de eindbestemming. Aan deze immense binnenzee kunnen allerlei watersporten worden beoefend. Veerboten en een draagvleugelboot varen verschillende routes over het meer. De noordzijde van het meer is te bereiken met de BAM-route.

Boven: dit ingekorte deel van de in 1904 aangelegde route om het Baikalmeer is in stand gehouden voor lokale diensten. Een excursiestoomtrein rijdt over het oude spoor, waarover tot 1950 de hoofdlijnen van de Trans-Siberische route reden.

DE TRANS-MONGOLISCHE SPOORLIJN
Naar het land van Djenghis Khan

BRIAN SOLOMON

Een populair alternatief voor de route naar Vladivostok is de beroemde Trans-Mongolische spoorlijn over de uitgestrekte Mongoolse vlakte en de Gobiwoestijn naar China. Deze aanzienlijk nieuwere spoorlijn werd aangelegd na de Tweede Wereldoorlog. In 1950 was de lijn open vanaf de vertakking van de Trans-Siberische lijn bij Zaudinski, in de buurt van de Sovjetstad Oelan-Oede, vanwaar hij zuidwaarts liep naar de Mongoolse hoofdstad Ulaanbaatar. In 1955 doorkruiste de spoorlijn heel Mongolië en werd 1111 kilometer overbrugd naar de Chinese grens bij Erenhot (Erlian). Tegenwoordig rijden de doorgaande treinen van de Trans-Mongolische Express eenmaal per week, maar er zijn ook andere langeafstandstreinen.

De historische Russische stad Oelan-Oede, fraai gelegen tussen de bergketens Chamar-Daban en Tsaga-Daban, fungeert al sinds de achttiende eeuw als

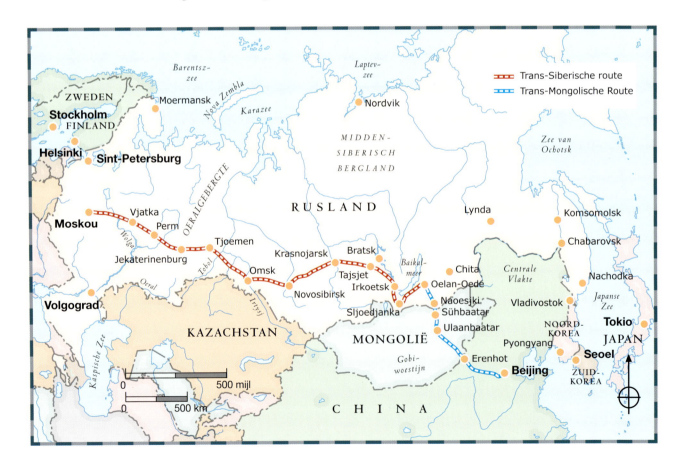

Boven: een in de voormalige Sovjet-Unie gebouwde 2M62 dieselelektrische locomotief van de Mongoolse spoorwegen trekt een Trans-Mongolische passagierstrein bij Ulaanbaatar. De Mongoolse spoorwegen zijn grotendeels aangelegd naar Russische maatstaven en gebruikten tot voor kort voornamelijk materieel uit de Sovjet-Unie. Onder de nieuwe locomotieven zijn in Amerika ontworpen Evolutiondiesels van General Electric.

handelspost. Het is een mogelijke tussenstop voor reizigers op de verschillende Trans-Siberische routes, met bezienswaardigheden als een Russisch boeddhistisch centrum, een grote locomotiefwerkplaats en een enorm beeld van het hoofd van Lenin. Hier koppelen treinen naar Mongolië hun elektrische locomotieven los om ze te vervangen door dieseltreinen, veelal 2M62's uit de Sovjettijd.

Ten zuiden van Oelan-Oede volgt de spoorlijn de rivier de Selenga. Bij de Russische grensplaats Naoesjki moeten reizigers rekening houden met een lange stop voor douane en immigratie. Visa voor de Volksrepubliek Mongolië kunt u het best al voor de reis regelen. Er volgt nog een lange stop aan de andere kant van de grens in Sühbaatar, waar de Russische 2M62-locomotieven worden vervangen door soortgelijke modellen van de Mongoolse spoorwegen. Mongolië gebruikt interessant genoeg in Amerika ontworpen, door General Electric gebouwde Evolution-diesellocomotieven voor een aantal van zijn zware vrachttreinen.

Als ze weer in beweging zijn, weg van de starre bureaucratie aan de Russisch-Mongoolse grens, sukkelen de passagierstreinen schuin over de Oost-Mongoolse steppe naar Ulaanbaatar. Eenmaal in Mongolië verandert het landschap op slag. Dit is het land van de beruchte Aziatische, zich te paard voortbewegende militaire strateeg en veroveraar Temüjin, beter bekend als Djenghis Khan, wiens rijk

ooit het continent bestreek, met als middelpunt Karakorum, een eeuwenoude stad ten zuidwesten van de huidige hoofdstad Ulaanbaatar.

Tegenwoordig is Ulaanbaatar de grootste stad van Mongolië, gekenmerkt door smog en stalinistische betonnen flatgebouwen, en bekend om zijn koude winters. Toch is de stad ook een goed uitgangspunt voor een uitgebreidere kennismaking met Mongolië. De bevolking is over het algemeen vriendelijk voor bezoekers. Bezienswaardigheden zijn onder andere het paleis van de Bogd Khan, de Choijin Lamatempel en een natuurhistorisch museum vol opgezette dieren en versteende dinosauruseieren. Ook doorgaande treinen maken vaak een uitgebreide stop in Ulaanbaatar, dus heeft u hier een goede gelegenheid om de benen te strekken en een paar foto's van de trein te maken.

Mensen die doorreizen, kunnen hun hart ophalen aan de restauratiewagen van de Mongoolse spoorwegen die aan de trein wordt toegevoegd. Het eten is gevarieerder dan in de Russische tegenhanger, en volgens velen van betere kwaliteit.

Ten zuiden van Ulaanbaatar vervolgt de spoorlijn zijn bochtige route over de steppes. Daarna steekt hij de Gobiwoestijn over, waar de reis gestaag vordert over lange, rechte stukken, die wat eentonig kunnen zijn. Kijk uit naar de karakteristieke

Boven: een Trans-Mongolische passagierstrein rolt door een Sovjetachtige buitenwijk van Ulaanbaatar. De stad telt 1,3 miljoen inwoners, in een land met nog geen 3 miljoen inwoners.

Hiernaast boven: in heel Centraal-Azië leven nomaden in verplaatsbare ronde tenten, die 'joerten' worden genoemd. Een variant is de ger, hier gezien vanuit een Trans-Mongolische trein.

Hiernaast onder: Beijing is de eindbestemming voor veel Trans-Siberische/ Trans-Mongolische reizigers. Deze dichtbevolkte Chinese metropool heeft vele interessante bezienswaardigheden.

onderkomens van de Centraal-Aziatische nomaden, de ronde, lage tenten die 'joerten' worden genoemd. Deze tenten worden van Kazachstan tot Chinees Mongolië gebruikt als onderkomen voor hele gezinnen; de Mongoolse variant heet 'ger'.

De oversteek naar China vergt meer bureaucratie. Doorgaande treinen krijgen aan de Chinese kant van de grens een ander onderstel: in Erenhot worden de Russische breedspoordraaistellen vervangen door onderstellen met een wijdte van 1435 millimeter (de breedte van de Chinese spoorwegen), die de rest van de reis worden gebruikt. Beijing is het einde van de reis – of een korte stop voor de volgende etappe. China heeft goede spoorwegverbindingen; het land heeft enorm geïnvesteerd in nieuwe hogesnelheidslijnen. Wie de terugreis naar Moskou wil maken, kan de Trans-Mantsjoerijse spoorlijn terug naar de Trans-Siberië nemen, of de beroemde Zijderoute via Kazachstan overwegen.

DE TRANS-MONGOLISCHE SPOORLIJN 33

Deze bladzijden: de dieselhydraulische locomotief 705 van de Indiase spoorwegen trekt in 2012 de Toy Train naar Shimla. De lijn naar Shimla maakt gebruik van een spoor van slechts 762 millimeter breed. Daarmee is dit een van 's werelds smalste spoorbanen waarover een reguliere passagiersdienst met diesellocomotieven rijdt.

AZIË

PAKISTAN
SPOOR OVER DE KHYBERPAS
Een conceptuele reis van Karachi naar Landi Kotal

BRIAN SOLOMON

De Khyberpas – een smalle, rotsachtige kloof bij de grens tussen Pakistan en Afghanistan – is volgens velen een van de meest strategische bergpassen ter wereld. Hij ligt op de directe handelsroute tussen India en Centraal-Azië. De legers van Alexander de Grote en een groot aantal latere militaire expedities zijn door deze rotsachtige doorgang getrokken. De nakomelingen van Alexanders legers leven nog steeds op het dorre land ten westen van de pas. In de negentiende eeuw werden Britse pogingen tot kolonisatie neergeslagen door de

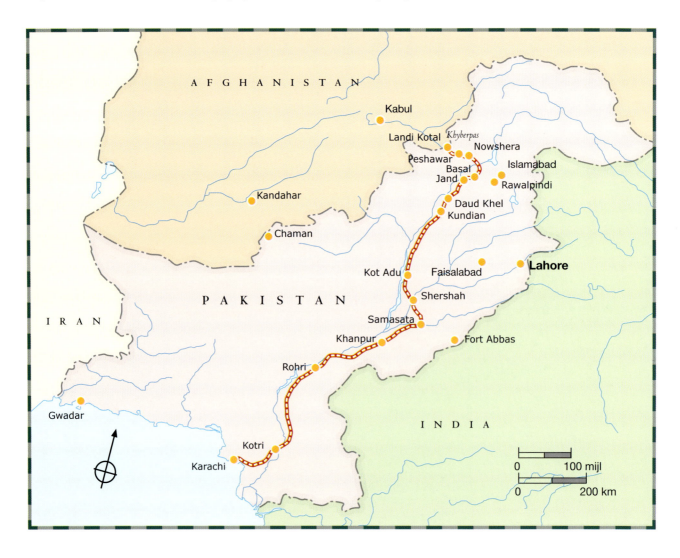

Boven: de enkel op zondag rijdende Khyberpastrein van Peshawar naar Landi Kotal. Deze trein heeft aan beide kanten een locomotief, om de zigzagdelen op de lijn door te komen.

Afghanen; daarbij speelde de Khyberpas vaak een belangrijke rol. Eind negentiende eeuw besloten de Britten een strategische spoorlijn aan te leggen. Een poging aan het begin van de twintigste eeuw werd opgegeven en pas aan het begin van de zogenaamde Derde Brits-Afghaanse Oorlog, in de nasleep van de Eerste Wereldoorlog, werd de spoorlijn door de Khyberpas eindelijk aangelegd.

Het ongrijpbare karakter van deze pas – een hoge doorgang in de bergen voor binnendringende legers, gecombineerd met een ruige schoonheid, indrukwekkende techniek en een zeer onregelmatige treindienst – maakt van de Khyber waarschijnlijk de meest exotische spoorlijn. Een reis via deze spoorlijn is op het moment echter onmogelijk, vanwege zijn lastige ligging en de voor mensen vijandige omgeving. Zelfs toen de lijn nog gewoon kon rijden, was de dienstregeling al zeer onregelmatig.

De lijn werd in de jaren twintig van de vorige eeuw aangelegd door de Britse kolonel Hearn en op 3 november 1925 formeel geopend voor treinverkeer. Hij verbond Jamrud (vlak bij Peshawar), de locatie van een militair fort op 448 meter boven zeeniveau, met de even strategische vesting van Landi Kotal, op 1065 meter hoogte. De steile uitbreiding aan de westkant van de pas naar de Afghaanse grens werd ook in 1925 geopend, maar sloot zeven jaar later alweer. M.B.K. Malik, auteur van *A Hundred Years of Pakistan Railways*, noemt de Khyberspoorlijn een van de grootste bouwkundige prestaties van die tijd: hij bevatte 92 bruggen en overwelvingen,

en niet minder dan 34 tunnels, plus twee zigzagstukken op de oostelijke helling en nog twee aan de snel weer afgesloten westkant.

Deze spoorlijn werd aangelegd voor militaire strategische doeleinden; zijn rol voor de handel en het toerisme was ondergeschikt aan de mogelijkheid om troepen naar de Khyberpas te vervoeren. Een blik op Google Earth toont een flink spoorwegemplacement bij Landi Kotal, waar zelfs in betere tijden in beide richtingen slechts één passagierstrein per week voorbijkwam. In 2008 werd het mogelijk om een trein naar Landi Kotal te charteren, maar de lijn raakt alweer in de vergetelheid.

Boven: *een trein naar Landi Kotal op een van de beroemde zigzagdelen van de lijn (zigzag gelegde stukken spoor om hoogte te winnen op plaatsen waar dat niet rechtstreeks kan). Op de zigzaglijn moest in verschillende richtingen worden gereden, dus hadden de treinen naar de Khyberpas aan beide kanten een locomotief.*

De *Khyber Mail* en andere treinen

Elders in Pakistan rijden passagierstreinen volgens een regelmatige dienstregeling. De rit tussen Karachi en Peshawar wordt nog altijd gemaakt door de *Khyber Mail*, een trein die ooit werd gebruikt door passagiers die doorreisden naar Landi Kotal. De Pakistaanse spoorwegen werken grotendeels volgens Brits principe. Volgens spoorwegfanaat Michael Walsh, die Karachi enkele jaren geleden aandeed op weg naar de Khyberpas, is dit drukke station gebouwd in de Britse traditie, maar met een exotische draai, die uiting geeft aan de sfeer van het Indiase subcontinent. 'Het was ontworpen om mensen koel te houden, en het was inderdaad heet buiten.' Seinhuisjes op het station gebruiken de typisch Britse mechanische spoorwegseinen.

Michael reisde met een groep toeristen die vooraf tickets hadden geboekt. 'Zo werd me de beproeving van kaartjes kopen bespaard, want blijkbaar moet je vechten om het loket te bereiken.' De spoorwegbeambten waren zeer professioneel en net als hun collega's over de hele wereld zeer begaan met hun werk. 'Ik had vanuit Ierland dienstregelingen meegenomen. Het spoorwegkantoor was ongeveer hetzelfde als je in Engeland zou verwachten, met een Britse manier van werken. Het stond er vol mensen, maar ik vond iemand die zijn dienstregelingen graag wilde ruilen met de mijne. Het gebeurde niet vaak dat ze de kans kregen om te zien hoe het eraan toegaat in andere, voor hen relatief exotische landen.'

Michael reisde op een droge, stoffige dag in september en vond de spoorlijn indrukwekkend. 'Dit is een goed in elkaar gezet dubbelspoor. Het leek erop dat er 110 kilometer per uur op het spoor kon worden gereden, en dat deed onze trein. Wat vooral opviel, waren de indrukwekkende bruggen over de rivieren, met aan beide kanten steeds bewapende bewakers in wachthuisjes.'

Onder: een bergstation op de route van de Pakistaanse spoorwegen naar de Khyberpas. Deze route is aangelegd voor strategische militaire doeleinden en jarenlang reed er alleen op zondag een passagierstrein. Nu is de lijn gesloten, als gevolg van overstromingen en politieke onrust. Het spoor ligt er echter nog, en op een dag zullen er misschien weer treinen rijden.

INDIA
TREIN NAAR DE *RAJ*: VAN KALKA NAAR SHIMLA
Een goed bewaarde smalspoorlijn

PAUL BIGLAND

Hij is misschien niet zo beroemd als de *Toy Train* naar Darjeeling, maar de smalspoorlijn van Kalka naar Shimla in de West-Indiase staten Haryana en Himachal Pradesh kan tot 's wereld mooiste treinreizen worden gerekend. De lijn staat op de Werelderfgoedlijst van Unesco, als onderdeel van 'de bergspoorwegen van India'. De vierenhalf uur durende reis naar Shimla biedt adembenemende vergezichten en is een gedenkwaardige belevenis op zich.

In 1864 was Shimla de zomerhoofdstad van de Britse *raj* en het hoofdkwartier van het Britse leger in India. De communicatie met de buitenwereld vond plaats met behulp van boerenkarren. Dit leidde tot de aanleg van een 96 kilometer lange

smalspoorbaan, die in 1898 werd geopend. Het bouwen van de lijn was niet eenvoudig: er moesten 107 tunnels worden aangelegd (waarvan nog 102 over zijn), plus 864 bruggen en viaducten, waaronder enkele zeer grote, zoals de Arch Gallery tussen de stations van Kandaghat en Kanoh. Dit is een boogbrug met drie lagen, die net als een eeuwenoud Romeins aquaduct is gemaakt van stenen en metselwerk. Bridge no. 226 tussen Sonwara en Dharampur is een boogbrug met vijf lagen en meerdere overspanningen, die is opgetrokken uit metselwerk en een diepe vallei overbrugt.

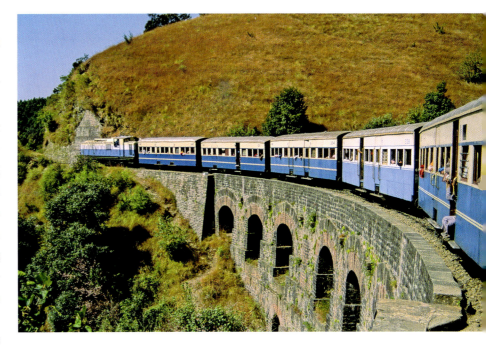

Boven: het landschap langs de smalspoorlijn van Kalka naar Shimla is tussen Solan en Shimla indrukwekkend en ruig, met schitterende vergezichten als de trein vanuit diepe valleien omhoog rijdt.

Spectaculaire landschappen en de knappe constructies houden de reizigers in hun greep. Het uitzicht is het best aan de rechterkant van de trein als u in de richting van Shimla reist, en aan de linkerkant tijdens de terugreis. Reguliere treinen bestaan uit zes kleine blauwe en crèmekleurige wagons met houten banken, voortgetrokken door kleine dieselmotoren, maar toeristen kunnen een luxe privérijtuig huren (de *Shivalik Queen*) dat aan de openbare trein wordt gekoppeld, of gebruikmaken van de motorwagen *Himalayan Queen*.

Na het vertrek vanuit Kalka, op 656 meter boven zeeniveau, kronkelt de spoorlijn door uitgestrekte buitenwijken voordat hij de uitlopers van het gebergte bereikt en aan de klim begint. De lijn maakt eerst een aantal lussen, en volgt de contouren van het landschap om hoogte te winnen tijdens de gang langs een reeks snel groeiende stadjes. Het opvallendste stadje langs de route is Solan, dat wordt beschouwd als een kleine versie van Shimla. In juni wordt hier een festival gehouden ter ere van de godin Shoolini Devi, naar wie de stad is vernoemd. Misschien bekender is de brouwerij van Solan (de oudste van India), gebouwd door de Brit Edward Dyer om het beroemde Lionbier te brouwen.

Tussen Solan en Shimla wordt het landschap ruiger en het uitzicht indrukwekkender. Steile, van terrassen voorziene valleien domineren het landschap en de spoorlijn kronkelt als een slang, baant zich een weg door tunnels en overbrugt via bogen ravijnen. Passagiers kunnen even op adem komen (en een kop thee drinken) op kleine stations, waar de trein pauzeert op een ringlijn. Uiteindelijk wordt Shimla bereikt, op een 1400 meter hoge bergkam, met een schitterend uitzicht op de met sneeuw bedekte toppen van de Himalaya.

JAPAN
DE LOKALE TREINEN VAN HOKKAIDO
Japanse contrasten

SCOTT LOTHES

Hokkaido, het noordelijkst gelegen eiland van de vier hoofdeilanden van Japan, kan bogen op twee van de snelste smalspoordieseltreinen ter wereld: de sneltreinen *Super Hokuto* en *Super Ozora*, die respectievelijk op

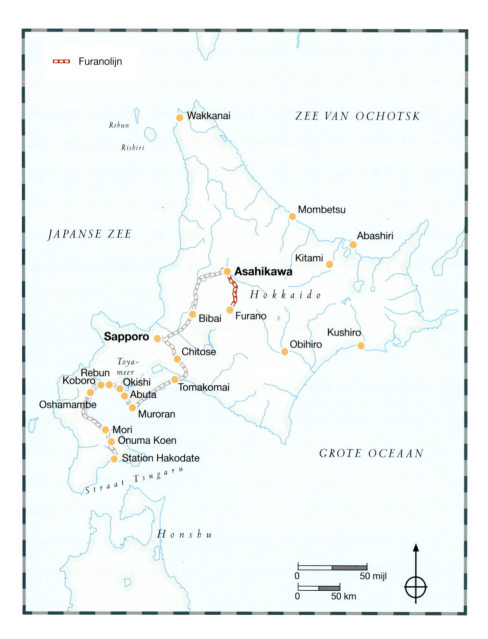

Boven: *KiHa 40 vormt de achterkant van een drie wagons tellende lokale trein, die stopt bij het afgelegen station Koboro, gelegen tussen twee lange tunnels op de Muroranhoofdlijn.*

de routes Sapporo-Hakodate en Sapporo-Kushiro rijden met samengestelde kantelbaktreinen die snelheden van 130 kilometer per uur behalen. De gemiddelde snelheid van deze treinen is nog indrukwekkender als u kijkt naar het bergachtige terrein, de bochtige sporen en het aantal stops dat ze maken.

De *Super Ozora* doorkruist de grootste bergketen op het eiland en legt 348 kilometer af met een gemiddelde snelheid van 87,8 kilometer per uur, inclusief vier tussenstops. De *Super Hokuto* raast langs de Grote Oceaan met een gemiddelde snelheid van 91 kilometer per uur en legt 319 kilometer af, met maar liefst elf tussenstations. Met deze snelheden en een regelmatige dienstregeling kunnen beide treinen concurreren met binnenlandse vluchten. Maar als u Hokkaido echt vanuit de trein wilt bekijken, moet u geen van beide nemen.

Een intiemer beeld van Hokkaido krijgt u vanuit een lokale trein. Op vrijwel elk stuk spoor op het eiland rijdt een lokale passagiersdienst, vaak meerdere keren per dag. De treinen bestaan meestal uit een of twee hoekige, gemotoriseerde dieselwagens. Die hebben niet de gestroomlijnde vorm en de kantelbakmechanismen van

DE LOKALE TREINEN VAN HOKKAIDO

de sneltreinen, maar bereiken toch nog snelheden van 95 tot 115 kilometer per uur – hoewel ze daartoe zelden de kans krijgen. Zelfs op het platteland liggen de stations slechts kilometers uit elkaar, en de meeste lokale treinen stoppen bij elk station dat ze passeren. De reis duurt langer, maar u ziet onderweg ook veel meer.

Hiernaast: twee KiHa 40-dieseltreinstellen beklimmen de Joumonpas op de Sekihokuhoofdlijn in Centraal-Hokkaido op een zonnige ochtend.

De sneltreinen brengen 'loonslaven' in donkere pakken van de ene vergadering naar de andere, de lokale treinen zijn voor een heel andere clientèle. U treft er eerder oma's die gaan winkelen, en leerlingen op weg naar en van school. Behalve voor kleuters rijden er geen schoolbussen in Japan, dus nemen andere leerlingen regelmatig de trein. De kans is groot dat u groepjes kinderen zachtjes Engelse woordjes hoort oefenen. Als u geluk heeft, knoopt de mondigste van de groep een gesprekje met u aan voor ze hun bestemming hebben bereikt.

De beste tijd om lange tochten met lokale treinen te maken is rond de schoolvakanties, als het *Seishun juhachi kippu* – 'jeugdig 18-ticket' – verkrijgbaar is. Ondanks de naam kunnen mensen van alle leeftijden deze pas kopen en voor ongeveer 90 euro vijf dagen lang onbeperkt reizen met lokale treinen in het hele land. U zult nog steeds veel jongeren tegenkomen, die vaak vakantietripjes maken. Er zijn drie vakantieperiodes: van maart tot begin april, van eind juli tot begin september, en van begin december tot begin januari. De zomers in Hokkaido zijn zacht; tijdens de warmere maanden kunt u gebruikmaken van een extra snufje dat lokale treinen bieden: ramen die open kunnen.

De 319 kilometer lange reis van Sapporo naar Hakodate duurt met de sneltrein drieënhalf uur. Met de lokale trein kost hij twee keer zoveel tijd, en u moet drie keer overstappen. Niet alle verbindingen sluiten goed aan; als u tijd overhoudt in een onbekende plaats als Oshamambe, moet u daar vooral van profiteren. Verlaat het station, slenter door de straten, zoek een noedelbar en zie welke veranderingen het platteland van Hokkaido in de loop der tijd heeft ondergaan.

Hokkaido is de recentste grote aanwinst voor Japan; het eiland is halverwege de negentiende eeuw volledig gekoloniseerd vanwege de aanwezige natuurlijke hulpbronnen. De oorspronkelijke bewoners, de Aino, met Mongoolse wortels, werden opgeslokt en uitgeroeid, zoals ook met de Amerikaanse indianen is gebeurd. Er zijn nauwelijks sporen van de Ainocultuur. Om die te vinden, moet u in Shiraoi de trein verlaten en vanaf het station, aan de noordkant van het spoor, 800 meter in oostelijke richting lopen, tot u bij het Shiraoi Aino Museum bent – het beste museum over het Ainovolk in heel Japan.

Kolen, hout en zeevruchten brachten de Japanners naar Hokkaido, en met name de kolen hebben geleid tot een snelle industrialisering. De reis van Sapporo naar Hakodate gaat over een deel van de eerste spoorweg op het eiland, van de kolenmijnen in het binnenland naar de schitterende natuurlijke haven van Muroran. Om die haven uitgebreid te verkennen, moet u de hoofdlijn verlaten bij

Higashi-Muroran en een 6,5 kilometer lange rit maken met de nevenlijn over het schiereiland Etomo naar het eigenlijke Muroran. De rit voert langs staalfabrieken die met moeite kunnen overleven in een grotendeels postindustriële economie en u vraagt zich wellicht af hoe deze stad, die zo uit de Amerikaanse Rust Belt lijkt te komen, aan de Japanse kust kan zijn beland.

De staalfabrieken van Muroran en kolenmijnen van Hokkaido floreerden in de eerste zestig jaar van de twintigste eeuw, maar toen veranderde het Japanse economie- en energiebeleid. Er werden goedkopere kolen geïmporteerd uit China en Australië, en de mijnen van Hokkaido raakten in onbruik. De bevolking van Muroran is afgenomen van 160.000 in de jaren zestig van de vorige eeuw tot amper 90.000 nu. In mijngebieden als Yubari, in het binnenland, is de terugloop nog groter geweest. Tegenwoordig is Hokkaido's hoofdstad Sapporo een van de snelst groeiende steden van Japan, maar de totale bevolking van het eiland neemt juist af. Omdat er minder werk is op het platteland, vertrekken veel bewoners naar Sapporo, of ze verlaten het eiland helemaal. Vanuit de lokale treinen zijn de tekenen overal zichtbaar.

Onder: een KiHa 150-treinstel rolt op een heiige middag door de rijstvelden langs de Muroranhoofdlijn bij Abuta. Op de achtergrond ligt de Vulkaanbaai.

Boven: *een drie wagons tellende lokale elektrische serie-711-trein passeert de fabrieken van Japan Steel Works in Muroran.*

Ten zuidwesten van Muroran, in de richting van Hakodate, wordt het landschap opener en indrukwekkender. Abuta (station Toya) is de toegangspoort tot het Toyameer, een deel van het Nationaal park Shikotsu-Toya, dat vanaf station Toya te bereiken is met een rechtstreekse bus. Voorbij Abuta speelt de spoorlijn verstoppertje met de baai door een reeks tunnels in en uit te rijden en over een smalle, rotsachtige strook pal langs het water te laveren. In de winter kan de zonsondergang aan het einde van de middag wonderschoon zijn, en in de warmere maanden kunt u kamperen langs de kust nabij de stations Rebun en Okishi, waar alleen lokale treinen stoppen.

Om per trein zo ver van de beschaving te geraken als in Japan mogelijk is, moet u uitstappen op station Koboro, een onwaarschijnlijke halteplaats tussen twee lange tunnels in. Koboro was oorspronkelijk een seinstation en werd een onofficiële stop voor lokale treinen van de Japanse nationale spoorwegen. Toen Japan in 1987 de spoorwegen privatiseerde, werd Koboro 'gedoogd' als officieel station. Een Japanse spoorwebsite noemt het het meest *hikyoh eki* (afgelegen station) van het land. Een pad loopt naar een schilderachtig, verlaten strand in een kleine baai, een ander pad voert naar een grotere inham met een Shinto-altaar

DE LOKALE TREINEN VAN HOKKAIDO 47

in een grot. Plan uw reis goed, want slechts de helft van de lokale treinen stopt in Koboro.

Verder naar het zuiden geeft station Onuma Koen toegang tot Nationaal park Onuma Quasi, met twee meren, kilometerslange paden en de vulkaan Komagatake.

Hakodate is een charmante zeehaven aan de zuidkust van Hokkaido, met een uitgebreid tramnetwerk, fantastische zeevruchten en een van de mooiste nachtelijke vergezichten van het eiland. De berg Hakodate kijkt neer op het hart van de stad, die is gebouwd op de smalle landengte tussen de Hakodatebaai en de Straat Tsugaru. De zeestraat verbindt de Grote Oceaan en de Japanse Zee, en scheidt Hokkaido van Honshu, het grootste eiland van de Japanse archipel. Er varen nog veerboten, maar sinds 1988 verbindt de 54 kilometer lange Seikantunnel Hokkaido met de rest van het Japanse spoornetwerk. Er rijden geen lokale treinen door de tunnel, maar kaartjes voor lokale treinen zijn tussen de laatste stations aan weerszijden van de tunnel ook geldig in sneltreinen.

De lokale trein biedt nog een tweede optie voor het noordelijke deel van de route tussen Sapporo en Hakodate. In plaats van de Muroranlijn te nemen, die ook wordt gebruikt door alle sneltreinen en goederentreinen, kunt u in Oshamambe overstappen op de oorspronkelijke Hakodatelijn. De Hakodatelijn was de eerste spoorlijn die Sapporo en Hakodate met elkaar verbond, en is nog steeds een kortere, maar veel steilere route dan de Muroranlijn, vlak langs de kust. Alleen lokale treinen bedwingen nog het bergachtige deel van de Hakodatelijn tussen Oshamambe en Otaru, een voorstad aan de westkant van Sapporo. In deze bergen liggen de beste skigebieden van Japan – de hellingen van Niseko zijn wereldberoemd en in de winter rijden er vanuit Sapporo speciale skitreinen naartoe. Het uitzicht op de Yoteiberg, de 'Fuji van Hokkaido,' en de Japanse Zee is adembenemend.

De reis van Sapporo naar Kushiro met enkel lokale treinen duurt langer dan beide Hakodatelijnen. In 1981 werd de nieuwe Sekisholijn ten oosten van Sapporo geopend – een directere route naar Kushiro via een vernuftige bergspoorlijn met talloze lange tunnels, dammen en viaducten – maar alleen goederen- en sneltreinen rijden het gehele traject. De enige manier om met enkel lokale treinen van Sapporo naar Kushiro te reizen, is via de oorspronkelijke spoorroute, die ten noordoosten van Sapporo de brede Ishikarivallei volgt via de Hakodatelijn naar Asahikawa. Stap in Takikawa over op de Nemurolijn, die via Furano gaat, een ander bekend skigebied. Nadat u bent overgestapt in Furano en Obihiro, komt u iets meer dan tien uur na vertrek uit Sapporo aan in Kushiro – tweeënhalf keer langer dan de sneltrein erover doet.

Reizen per lokale trein is echter meer dan alleen kilometers maken. De langzamere treinen bieden de mogelijkheid om op elk station langs de route uit te

stappen en op verkenning te gaan, en goed afgestemde busverbindingen maken het bereik van reizigers vaak nog groter, zelfs op het platteland. Maak vanuit Furano eens een uitstapje met de fraaie Furanolijn naar Asahikawa, waar u in de vroege zomer glooiende lavendelvelden ziet, met daarachter met sneeuw bedekte bergen – de Daisetsuzan of 'Grote Sneeuwbergen', die de ruggengraat van Hokkaido vormen. Nationaal park Daisetsuzan, het grootste van Japan, telt zestien bergtoppen van meer dan 2000 meter hoog, en vele kilometers wandel- en trekpaden.

Boven: een lokale trein met twee KiHa 150-treinstellen rijdt via de Hakodate-hoofdlijn langs de rivier de Shiribetsu bij Niseko. Op de achtergrond de 1898 meter hoge Yoteiberg.

Boven: een KiHa 54 op de Senmolijn steekt de rivier over in Shari, Hokkaido, bij het schiereiland Shiretoko. Op de achtergrond verreist de 1547 meter hoge Shariberg.

Links: een lokale KiHa 40-ochtendtrein op weg naar Furano aan de Sekisholijn beklimt de Karikachipas bij Shintoku.

U kunt in Hokkaido vrijwel overal komen per lokale trein, en elke uithoek van het eiland is vanuit Sapporo binnen een dag te bereiken. Als u in Kushiro bent, kunt u met de Senmolijn naar het noorden reizen, door het waterrijke Nationaal park Kushiro-shitsugen, en verder naar het Nationaal park Shiretoko, op het smalle schiereiland in het noordoosten. U kunt ook de Soyalijn nemen naar Wakkanai, het noordelijkst gelegen treinstation van Japan, waar u een veerboot kunt nemen naar de afgelegen, schilderachtige eilanden Rishiri en Rebun, en misschien een glimp opvangt van het Russische eiland Sachalin. Waar in Japan u ook reist met een lokale trein, u bent verzekerd van avontuur en krijgt een beter beeld van het land en de bevolking – en hun band met de Japanse spoorwegen. De Japanners groeien nog altijd op met treinen – in het bijzonder met lokale treinen. Dankzij de lokale treinen vormen de spoorwegen een rode draad in het dagelijks leven.

Boven: een lokale trein naar het noorden met een KiHa 150 voor een KiHa 40 rijdt laat in de middag op de Muroranhoofdlijn langs de Vulkaanbaai bij Toyoura, te midden van felle herfstkleuren.

SRI LANKA
VAN COLOMBO NAAR KANDY EN VERDER DE HEUVELS IN
Een Aziatische verrassing

PAUL BIGLAND

In deze onzekere tijden is het fijn dat een land de gevolgen van een burgeroorlog van zich afschudt, gesloten spoorlijnen heropent en de kans biedt om zijn levendige, kleurrijke landschap te verkennen.

De comfortabele treinen kennen drie klassen. De derde klasse is spotgoedkoop, maar de houten banken zitten altijd vol; de tweede klasse heeft zachtere zittingen en ventilatoren, en is minder druk; de eerste klasse heeft airconditioning, observatierijtuigen en slaapcoupés. In de meeste wagons zijn zitplaatsen 'gereserveerd

52 AZIË

voor geestelijken', dus als u kunt doorgaan voor een boeddhistische monnik, heeft u geen probleem! Anders kunt u voor de meeste, maar niet alle treinen zitplaatsen reserveren voor opvallend lage prijzen. Verwacht niet dat de treinen op tijd rijden – snelheid is ondergeschikt, maar dat is ook deel van de charme. De belangrijkste sneltreinen hebben een restauratiewagen, waar weinig te kiezen valt.

Links: : een Sri-Lankaanse klasse-M6 dieselelektrische 792 nadert het station van Haputale met een lange passagierstrein. Klassieke Britse seinpalen regelen de treinbewegingen op de lijn.

Onder: de Podi Menike ('Klein Meisje') beklimt het heuvellandschap. De omgeving is tropisch en het personeel ontspannen.

VAN COLOMBO NAAR KANDY EN VERDER DE HEUVELS IN

Mijn laatste reis omvatte een tocht van de zuidelijk gelegen stad Matara (met schitterende stranden) naar het station van Kandy, in de heuvels, en verder naar Badulla.

Matara, het zuidelijk gelegen vertrekpunt van de lijn, op 160 kilometer van Colombo, is een typisch station met één perron. Tussen de aankomst van de treinen in heerst hier een lome traagheid en gebruiken geiten de overkappingen om te schuilen voor de zon. Het enige teken van leven komt uit de restauratie, waar heerlijke pittige roti's (gevuld brood) worden verkocht. Omdat we geen zitplaatsen in de trein naar Colombo konden reserveren, waren we dertig minuten van tevoren op het station en wachtten we in een leeg treinstel op het rangeerspoor – dat is hier heel normaal. De lijn rijdt van Matara pal langs de kust naar Galle en passeert stranden met palmbomen, lagunes en dorpjes. In Colombo stapten we over in een trein naar Kandy, die door het binnenland tussen rijstvelden door naar het knooppunt Polgahawela rijdt. Daar splitsen de lijnen naar het noorden van het land zich af en begint de klim naar Kandy.

De rijstvelden maken plaats voor heuvels en de lijn telt nog slechts één spoor. De lijn stijgt met een percentage van 1 op 44 tijdens de klim naar Kadugannawa, 520 meter boven zeeniveau. De hoogte wordt pas echt duidelijk bij Balana, waar de trein bij Sensation Rock pal langs een steile afgrond van 300 meter diep rijdt. Het uitzicht (in combinatie met de daling) is werkelijk adembenemend. Hierna lijken de laatste 120 kilometer van de reis naar Kandy een anticlimax.

Boven: de Podi Menike *passeert tijdens een kalme rit de plantages van Kotagala.*

Hiernaast: *locomotief 784 rolt rustig over de lijn bij Ella, Sri Lanka. Dit is een van de zestien klasse-M6 dieselelektrische locomotieven van de Duitse bouwer Thyssen-Henschel.*

DE UDARATA MENIKE
BERNARD VAN CUYLENBURG

De trein van Colombo naar Badulla werd oorspronkelijk voortgetrokken door twee stoomlocomotieven, tot in 1954 de *Udarata Menike* werd geïntroduceerd, aangedreven door twee Britse diesellocomotieven. Tijdens de eerste rit werden nieuwe wagons achter de diesellocomotieven gehangen, en zo is het gebleven. De kers op de taart was de presentatie van twaalf Canadese diesellocomotieven onder het Colombo Plan aan het einde van de jaren vijftig – een geschenk van de Canadese regering onder leiding van Pierre Trudeau. Deze dieseltreinen waren een lust voor het oog en ik herinner me nog enkele namen, die aan weerskanten in glimmende zilveren en blauwe letters op de locomotief stonden. Het waren *Alberta, Montreal, Saskatchewan, Prince Edward Island, Vancouver, Manitoba, Toronto* en *Ontario*. De Britse locomotieven verdwenen – in elk geval in het binnenland – en een Canadese diesellocomotief nam hun plaats in. De afstanden die de Canadese locomotieven in Canada aflegden, waren soms meer dan 1500 kilometer. De afstand van Colombo naar Badulla was blijkbaar niet genoeg voor deze 2500 paardenkrachten tellende diesels, dus als *Menike* rond 18.20 uur aankwam in Badulla, moest de locomotief nog een paar uur blijven draaien, al zat de reis erop. Naar verluidt kon één locomotief elektriciteit leveren voor een hele stad.

Tijdens mijn laatste bezoek aan Sri Lanka in 2000 zag ik tot mijn plezier dat een aantal Canadese locomotieven nog steeds rondreed. Tijdens een reis van Haputale naar Colombo met de *Udarata Menike* kruisten we de *Podi Menike*, het jongere zusje van de *Udarata Menike*, voortgetrokken door de Canadese diesellocomotief *Montreal*. De *Udarata Menike* – 'Het meisje van de bergen' – zal voor altijd de uithoeken van onze gedachten blijven bereizen, in een rit die geen einde kent.

ZUIDOOST-AZIË
VIETNAMS *HERENIGINGSEXPRES*
Van Hanoi naar Ho Chi Minhstad

SCOTT LOTHES

Ondanks de laaghangende bewolking boven de ruige bergen en de Zuid-Chinese Zee, hing ik uitgelaten uit het raam van een Vietnamese passagierstrein. Terwijl de tweekleurige blauwe sneltrein langzaam door de kustbossen kronkelde, kwam een man tussen de bomen vandaan, die met de locomotief mee begon te rennen. Ineens stak hij zijn hand uit, greep een reling en zwaaide zich op de zijkant van de trein. De beelden van een ouderwetse roofoverval en een moderne terroristische aanslag schoten door mijn hoofd, maar de andere passagiers maakten zich totaal geen zorgen.

Een ochtend eerder was ik in de trein gestapt in Ho Chi Minhstad (voorheen Saigon), de grootste metropool van Vietnam. De 1725 kilometer lange spoorlijn naar de hoofdstad Hanoi in het noorden is een bron van nationale trots, een symbool van de hereniging van het land in 1976, na tientallen jaren oorlog. De spoorlijn werd in 1936 onder Frans koloniaal bewind aangelegd en bleef slechts achttien jaar intact – hij werd in 1954 door de Akkoorden van Genève politiek in tweeën gehakt, en vervolgens verwoest door overstromingen, bombardementen en sabotage.

Na de hereniging van Noord- en Zuid-Vietnam maakte de regering direct werk van de herbouw van de spoorlijn. Voor het 'grootste project' in het eerste jaar van het herenigde land werden 70.000 mensen ingezet om 200 bruggen, 500 doorlaten, 20 tunnels en 150 stations te herstellen of herbouwen. Toen de eerste trein uit Ho Chi Minhstad op 4 januari 1977 in Hanoi aankwam, meldde Associated Press dat hij werd 'begroet door duizenden mensen die met vlaggen zwaaiden en voetzoekers afstaken'.

Mijn angst voor iets sterkers dan voetzoekers was uiteraard totaal ongegrond. De man die aan de trein hing, klom via een trappetje omhoog en ging op het dak zitten. Een paar minuten later klom hij weer omlaag, toen we een boerderijtje aan de rand van het bos naderden. Hij sprong van de trein, rende naar de veranda, waar hij bij zijn gezin aan de ontbijttafel plaatsnam, draaide zich om en zwaaide.

De treinen tussen Ho Chi Minhstad en Hanoi heten de *Herenigingsexpres*. De spoorlijn heeft een grote bijdrage geleverd aan het tot elkaar brengen van het land. Er rijden veel treinen, met minstens vijf vertrektijden per dag van beide kanten (meer tijdens drukke periodes), maar ze zijn niet snel – de snelste trein rijdt gemiddeld 48 kilometer per uur.

Boven: een stationsbediende in Ho Chi Minhstad.

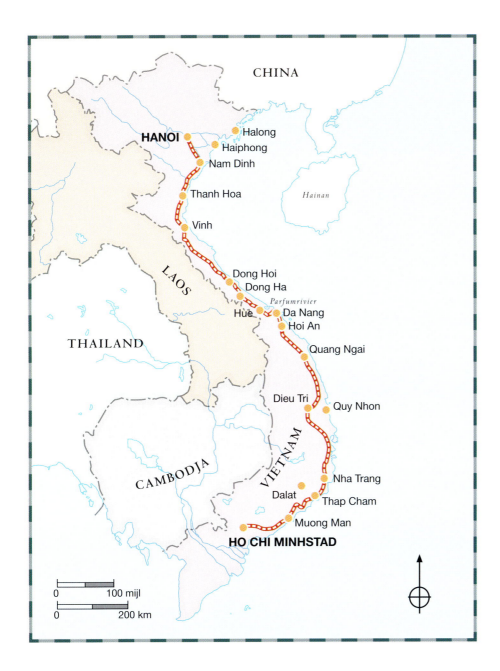

De voortsukkelende treinen bieden een intiem kijkje op het land en de Vietnamese bevolking. In grote steden loopt het spoor vaak vlak langs winkels en appartementen. In Hanoi plaatsen straatverkopers hun kraampjes op de hoofdlijn, die aan beide kanten wordt geflankeerd door gebouwen. Ze halen hun tafels snel weg als een trein komt aanrollen en zette ze net zo snel weer terug als de trein voorbij is. Op stations in kleinere steden werd onze trein vaak begroet door een menigte en voedselverkopers deden goede zaken vanaf de perrons.

Het 1 meter brede spoor wordt gedeeld met goederentreinen; het laden en lossen vindt vaak plaats naast de perrons voor de passagiers. Op een station in een

Boven: de noordwaarts rijdende trein SE6 nadert Hue.

Links: de passagierstrein SE6 passeert een zuidwaarts rijdende goederentrein bij de top van de Hai Van-pas.

Boven: een D19E-locomotief met een passagierstrein naar het zuiden daalt af van de Hai Van-pas bij Da Nang.

kleine stad gebruikten arbeiders een kleine kraan om een lading boomstammen in open goederenwagons te laden. Onze sneltrein in noordelijke richting, trein SE6, passeerde meerdere goederentreinen, die op rangeersporen stonden te wachten. Ze waren veelal twintig wagens lang en werden getrokken door een enkele vierassige diesellocomotief. De Roemeense model-D11H (1100 pk)- en de Tsjechische model-D12E (1200 pk)-locomotieven werden vooral ingezet voor goederenvervoer, maar ook voor standaardpassagierstreinen. In beide gevallen werd een tweede locomotief aan de achterkant van de treinen gekoppeld voor de steile delen van de Hai Van-pas tussen Da Nang en Hue. Nieuwere, krachtigere, zesassige D19E-locomotieven uit China (1950 pk) trekken de sneltreinen voort en kunnen de berghellingen aan zonder hulplocomotief.

In trein SE6 zagen we enkele andere internationale reizigers, maar verder werden we omringd door Vietnamezen. Het station in Ho Chi Minhstad stond vol gezinnen met bagage, boodschappentassen en kartonnen dozen met kleding, eten en elektronica. Wij speelden Uno met een stel nieuwsgierige kinderen, spraken tot diep in de nacht met een Engelssprekende vrouw in onze slaapcoupé, en communiceerden ook volop met de andere reizigers.

Om het treinstation in Ho Chi Minhstad te bereiken, hadden we al creatief moeten communiceren. De taxichauffeur kende geen enkele Engelse term voor

Boven: een zuidwaarts rijdende goederentrein steekt bij Hue de Parfumrivier over en passeert een drakenboot.

'treinstation,' dus moest ik met handen en voeten uitleggen wat de bedoeling was. Dit was een verrassing na twee dagen in Ho Chi Minhstad, waar iedereen die in de toeristenindustrie werkt, alle noodzakelijke Engelse woorden lijkt te kennen. Aan de andere kant had het kopen van de treinkaartjes al veel moeite en doorzettingsvermogen gekost, omdat de lokale reisagenten goedkope binnenlandse vluchten en speciale toeristenbussen probeerden op te dringen.

De meeste passagierstreinen op de Vietnamese noord-zuidlijn rijden tussen de twee grootste steden van het land. Wij reisden mee tot Hue, een centrum van traditionele cultuur en de eerste halte ten noorden van de Hai Van-pas. Direct ten noorden van het station steekt de spoorlijn de Parfumrivier over via een lange, doorlopende vakwerkbrug. De rivier stroomt vanuit de lage, glooiende heuvels in het westen, waar de koloniale keizers zijn begraven. De volgende dag huurden we een 'drakenboot' voor een tochtje onder de spoorbrug door en verder stroomopwaarts om de graven te bezoeken.

Verder naar het noorden gaat de spoorlijn door de gedemilitariseerde zone (DMZ), waar monumenten herinneren aan wat in Vietnam 'de Amerikaanse Oorlog' wordt genoemd. Vanuit het raam van de *Herenigingsexpres* is de DMZ een rustig boerengebied, waar groene rijstplanten groeien, dorpelingen met kegelvormige hoeden op roestige fietsen langs de weg rijden en koeien rustig kauwen op het onkruid uit de vier decennia oude bomkraters. Achthonderd meter ten zuiden van de voormalige grens zagen we kinderen uit een gele, één verdieping tellende basisschool stromen om thuis te gaan lunchen. Kleine groepjes kinderen zwaaiden ons opgewonden na. Van vijandelijkheid naar Amerikanen toe hebben we niets gemerkt.

Het was soms moeilijk te geloven dat er ooit een oorlog woedde in Vietnam, hoewel er letterlijk overal herinneringen aan zijn. Wel duidelijk was de verbondenheid van de mensen met hun land. Ik zag diezelfde verbondenheid in de ogen van vrijwel iedereen die ik heb ontmoet. Het lijkt zo duidelijk dat we eigenlijk allemaal hetzelfde zijn, en ik vraag me af hoe het er vijftig jaar geleden allemaal zo anders kan hebben uitgezien.

In Hoi An nam ik een andere trein naar het noorden en vervolgde mijn reis naar Hanoi, waar ik vlak voor zonsondergang aankwam op een station dat gonsde van de bedrijvigheid. Niet lang nadat onze trein vanuit het zuiden was binnengereden, vertrokken drie andere passagierstreinen naar drie verschillende bestemmingen op drie verschillende nevenlijnen naar het noorden, richting de Chinese grens.

De laatste nacht sliep ik op een boot in de Ha Longbaai. De baai staat op de Werelderfgoedlijst; volgens een lokale legende werd hij gevormd door draken die uit de hemel kwamen om Vietnam te beschermen tegen buitenlandse indringers. Terwijl ik over de reling op het derde dek leunde en de eindeloze karstformaties langs onze boot gleden, zag ik vissersdorpen in afgelegen inhammen en dwaalden mijn gedachten af naar het leven dat de gezinnen daar leiden.

Vietnam is goed toegankelijk dankzij Engelssprekend personeel, betaalbare prijzen (in elk geval voor westerse bezoekers) en vriendelijke Vietnamezen, die graag wat dollars van buitenlandse toeristen willen verdienen. Toch kan diezelfde toegankelijkheid er juist toe leiden dat de essentie van het land buiten bereik blijft. Het ligt vaak in het volle zicht, pal achter een raam of de reling van een boot. U kunt het ervaren, maar dat vereist wat extra moeite en een beetje moed, zoals meevaren op een veerboot over de rivier de Saigon, een fiets huren voor een tocht over het platteland, of toch treinkaartjes aanschaffen terwijl iedere reisagent wil dat u een ander vervoermiddel kiest.

De veranderingen volgen elkaar snel op in Vietnam. Meer moderne gemakken en een betere kennis van het Engels maken het eenvoudiger om het land te bezoeken, maar maken de essentie van het traditionele leven minder bereikbaar. In 2005 is een nieuwe snelwegtunnel geopend, waardoor de oorspronkelijke weg over de Hai Van-pas kan worden vermeden – een spectaculaire route, die alleen nog wordt gebruikt door de lokale bevolking en onverschrokken toeristen. Er zijn soortgelijke plannen voor het spoor, en de wens om een nieuwe hogesnelheidslijn van Ho Chi Minhstad naar Hanoi aan te leggen. Dan zal de man die ik aanzag voor een treinkaper terug moeten lopen naar zijn boerderijtje in het bos op de Hai Van-pas. Ik zal altijd dankbaar zijn dat we een rit hebben kunnen delen.

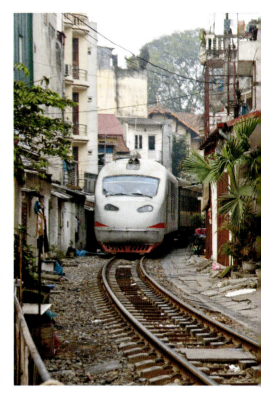

Boven: *een in Vietnam gebouwde klasse-D8E-locomotief leidt een passagierstrein naar het noorden door de straten van Hanoi.*

DE CRÉMAILLÈRESPOORLIJN VAN DALAT
Ontsnapping naar een Vietnamees heuvelstation

DAVID BOWDEN

De Vietnamese spoorwegen maken gebruik van 2600 kilometer spoorlijn, maar niet meer van de aftakking van de belangrijkste noord-zuidlijn naar de hooglanden van Dalat. De Crémaillèrespoorlijn (Frans voor een tandheugel met rondsel) verbond vroeger Thap Cham, aan de kust bij Phan Rang, met het Franse heuvelstation Dalat in de centrale hooglanden. In heel Azië waren dergelijke heuvelstations, die koelte boden aan kolonialisten die slecht tegen de hitte konden. Dankzij het koele klimaat, de meren en de bossen is Dalat nog steeds een rustgevende vakantiebestemming. Er leefden al eeuwen bergbewoners of *montagnards*, maar Dalat trok pas in 1893 de aandacht van de Franse kolonialisten, nadat dr. Alexandre Yersin, een protegé van Louis Pasteur en de eerste die de pestbacil identificeerde, het gebied had bestempeld tot een gezond oord.

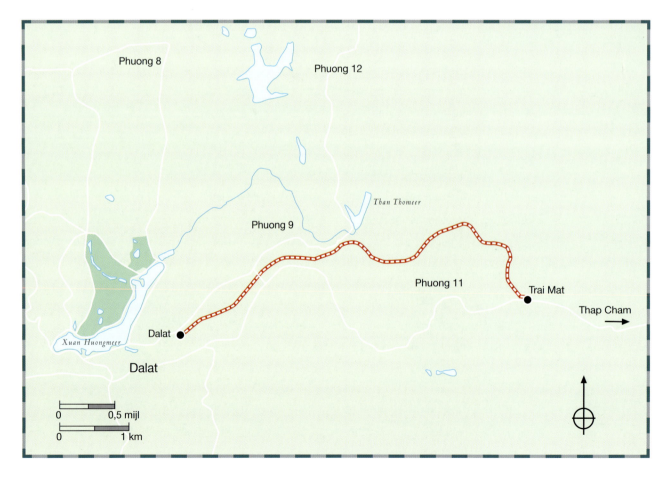

Delen van de 84 kilometer lange spoorlijn werden in 1928 geopend, maar in 1964 had de Vietcong zo veel opgeblazen dat de lijn weer moest worden gesloten. De aanleg werd al in 1898 onderzocht door de Fransen, maar pas in 1933 was de lijn helemaal klaar, vanwege de klim naar de hooglanden op 1500 meter boven zeeniveau. Voor ongeveer 16 kilometer waren zigzagconstructies en tandradtechnieken nodig, die werden ontworpen door Zweedse ingenieurs. Toen de lijn was geopend, reden twee dagelijkse treinen van Nha Trang aan de kust naar Dalat en terug, met drie passagierswagens en één goederenwagen. De dienst werd uitgevoerd door de Compagnie des Chemins de Fer de L'Indochine, met locomotieven uit het Zwitserse Winterthur en Duitsland.

Tegenwoordig is een 8 kilometer lang deel van de spoorlijn op het plateau nog open, van het station van Dalat naar het dorp Trai Mat. Dagelijks vertrekken tussen 7.45 en 16.00 uur vijf treinen voor de dertig minuten durende retourreis door tuinderijen naar het dorp Trai Mat, waar de kleine Linh Phuocpagode de voornaamste attractie is. Het art-decostation van Dalat is een bezoek waard vanwege de grote klok, de koloniale sfeer en de oude locomotieven, waaronder een Japanse locomotief die de laatste commerciële stoomtrein in Vietnam was. Passagiers reizen in opgeknapte rijtuigen van de Dalat Plateau Railroad, voortgetrokken door een D6H-locomotief. Misschien wordt de oude Crémaillèrespoorlijn ooit nog in ere hersteld.

Boven: pijnbomen rond Dalat in het koele, beboste gebergte van het zuidelijkste deel van Centraal-Vietnam.

Hiernaast: de oude klok op de façade van het treinstation van Dalat.

VAN SINGAPORE NAAR BANGKOK MET DE *EASTERN & ORIENTAL EXPRESS*
Terug naar een gouden tijdperk

DAVID BOWDEN

In 1885 maakte Malaya (het huidige Maleisië) kennis met stoomtreinen. Rond 1931 liep langs de westkust van het schiereiland een spoorverbinding van het eiland Singapore in het zuiden naar Padang Besar in het noorden, tegen de grens met Thailand. Statige hotels zoals Raffles (Singapore), het Hotel Majestic (Kuala Lumpur) en het Eastern & Oriental (Penang) boden en bieden stijlvolle accommodatie voor welvarende reizigers.

Op de lijn rijden openbare treinen van de Maleisische Keratapi Tanah Melayu (KTM), maar de luxe *Eastern & Oriental Express* roept beelden op van klassieke treinreizen uit het verleden, zij het met modern comfort. Deze luxetrein maakt elke maand twee ritten van Singapore via Maleisië naar Bangkok en vice versa. De *Eastern & Oriental Express* is een van 's werelds mooiste treinreizen en staat op het wensenlijstje van veel enthousiaste treinreizigers.

Onder: de Eastern & Oriental Express op de beroemde brug over de rivier de Kwai in Kanchanaburi, waar de passagiers de historische monumenten van het land kunnen verkennen.

In de vroege koloniale tijd was de trein het belangrijkste vervoermiddel van Singapore naar het noorden over het schiereiland. Vliegtuigen maken deze reis nu razendsnel, maar er zijn altijd mensen die een hang hebben naar de 'goede oude tijd' van koloniaal Malaya.

Op de eerste ochtend verzamelen de goed bij kas zittende passagiers zich bij het Raffles Hotel in Singapore. Vroeger begon de reis naar het noorden midden in Singapore, maar het station is verplaatst naar het Woodlands Immigration Centre in het uiterste noorden van de stad. Passagiers reizen nu per touringcar van hun luxehotels in het centrum van Singapore naar Woodlands.

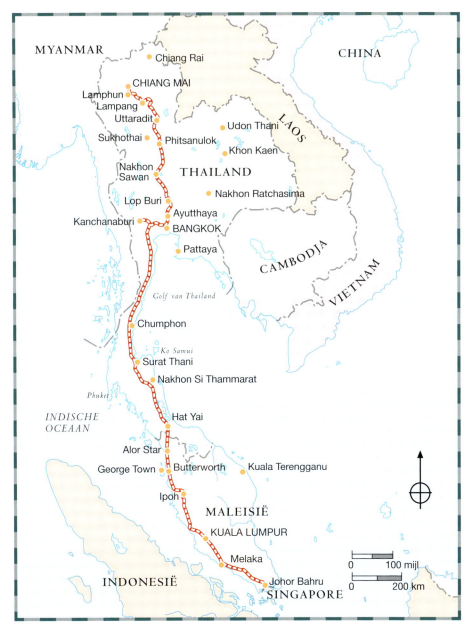

Boven: de kleuren roomwit en groen domineren de trein, van het logo tot de glimmende buitenkant. In het logo staat een Maleisische tijger, die ooit veel voorkwam langs de route, maar nu met uitsterven wordt bedreigd.

De glimmende groene en roomwitte, achttien rijtuigen tellende *Eastern & Oriental Express* staat al klaar, terwijl het personeel de immigratieformaliteiten afhandelt. Dan steekt de trein met een slakkengang de Straat Johore naar Maleisië over en bereikt daar het nieuwe station Johor Bahru, waar de formaliteiten om Maleisië in te komen snel worden afgerond.

De lunch en het vieruurtje worden respectievelijk geserveerd in een van de drie restauratiewagens van de trein en in de passagierscoupés. Tijdens de reis, die drie dagen en twee nachten duurt, worden maaltijden geserveerd waaraan sterrenrestaurants een voorbeeld kunnen nemen. Het culinaire team maakt van elke maaltijd een gastronomische belevenis, met gerechten als tom yam vichyssoise met kwartelmedaillons en groentetagliatelle, geroosterde zeebaars op een bedje van szechuangroente, en kokosijs met palmsuikerpudding. De goede wijnen zijn verkrijgbaar per fles of glas. Het kledingvoorschrift is *smart casual* voor overdag, maar 's avonds wordt van gasten verwacht dat ze zich stijlvol kleden, al hoeft dat niet per se in de stijl van Agatha Christies *Moord in de Oriënt-Express*.

Boven: passagiers kunnen genieten van fijnproeversmaaltijden en goede wijn in de twee sfeervol ingerichte restauratiewagens.

De keurige Pullmanwagons maken op efficiënte wijze gebruik van de beperkte ruimte. Vergeleken bij de KTM-trein die over hetzelfde spoor rijdt, zijn de wagons ruim en hebben ze de luxe van een toilet, een douche, een schrijftafel en een comfortabel bed. De wanden zijn bekleed met houtwerk en het tweekleurige grijze tapijt voelt veerkrachtig aan onder de voeten. Elke coupé telt twee bedden, waarvan het bovenste overdag tegen de wand wordt geduwd en het onderste dienstdoet als tweezitsbank. Koperen beslag, airconditioning, antieke lampen en een decoratieve tafel zorgen voor een historische sfeer. Passagiers nemen slechts één stuk bagage mee naar de coupé, de rest wordt vervoerd in de bagagewagen.

Bij de *Eastern & Oriental Express* gaat het evenzeer om de reis als om de bestemming. Voor veel passagiers maakt het niet uit waar de reis naartoe gaat, omdat de omgeving en belevenis al bijzonder genoeg zijn. De trein maakt onderweg drie geplande stops – in Kuala Lumpur, Butterworth (Penang) en Kanchanaburi (de rivier de Kwai, Thailand).

In Kuala Lumpur wordt een korte avondstop gemaakt, die net genoeg tijd biedt om een van de mooiste treinstations ter wereld te bewonderen. Dit sierlijke gebouw is ontworpen in de Britse *Raj*-stijl en werd in 1911 voltooid naar de maatstaven van

Links: *de weelderige slaapcoupés met wanden van houtwerk zijn voorzien van een bank, die elke avond wordt uitgeklapt om er een comfortabel bed van te maken.*

Onder: *de Bar Car is een populaire plek om te ontspannen en te genieten van een exotische cocktail, een glas goede wijn of iets anders van de uitgebreide kaart.*

Boven: *passagiers kunnen het landschap bewonderen vanuit de open observatiewagon aan de achterkant van de trein.*

de Britse spoorwegen: het stevige dak kan een flink pak sneeuw dragen – iets wat zeer onwaarschijnlijk is in dit tropische klimaat. Als de trein Kuala Lumpur achter zich heeft gelaten, wordt een rijke avondmaaltijd geserveerd.

Passagiers worden de tweede dag wakker in Butterworth, vanwaar ze met bussen via een van de twee bruggen over de Straat Malakka naar de door Unesco beschermde stad George Town op het eiland Penang worden gebracht. Een rit per driewielige riksja door de stad is voor velen een hoogtepunt. Als iedereen laat in de middag weer aan boord is, rijdt de trein door rubberplantages naar Thailand. De open observatiewagen en de aangrenzende bar zijn de beste plekken om het landschap te bewonderen. In zijn boek *The Great Railway Bazaar* uit 1975 merkte Paul Theroux op: '(...) en nog vaker heeft de jungle plaats moeten maken voor rubberplantages, een symmetrie van ingekerfde stammen en platgetreden paden, omsloten door klassieke jungle, hangende lianen, palmbomen als fonteinen en een verstikkende ondergroei van lawaaiig groen dat drupt van de regen.' Sindsdien is er weinig veranderd in Noord-Maleisië en Zuid-Thailand. De trein steekt de grens tussen de twee landen over met onmerkbare immigratie- en douaneformaliteiten.

Op de ochtend van de derde dag heeft de trein een groot deel van de Thaise landengte achter de rug en ratelt hij door rijstvelden naar Nong Pladuk Junction, terwijl de passagiers genieten van ontbijt op bed. Op sommige plaatsen loopt het spoor zo dicht langs de huizen dat het lijkt of de trein door de achtertuinen rijdt. Als de trein zijn weg vervolgt via een zijlijn naar Kanchanaburi, waarschuwt de fluit de vele mensen die de talloze onbewaakte overgangen willen oversteken. Kanchanaburi aan de Kwai heeft een speciaal plekje in de harten en gedachten van mensen wier familieleden zijn omgekomen bij de bouw van de beruchte 'Dodenspoorlijn', die tijdens de Tweede Wereldoorlog voor de Japanners werd aangelegd. Tienduizenden Europese en Aziatische dwangarbeiders kwamen daarbij om het leven.

Halverwege de middag van de derde dag rijdt de trein station Hua Lampong in Bangkok binnen. Hier wordt de trein klaargemaakt voor de terugreis naar het zuiden, die vanuit Bangkok vier dagen en drie nachten duurt. Er zijn nog meer mogelijkheden. Zo voert de reis 'Ancient Kingdom of Lanna' vanuit Bangkok naar het noorden, met een stop in Lampang, om te eindigen in de voormalige, eeuwenoude Thaise hoofdstad Chiang Mai. De reis 'Fables of the Peninsula' omvat Kuala Lumpur, de Cameron Highlands, Penang en Huai Yang (ten zuiden van Huan Hin, Thailand).

TREINEN VOOR HET VOLK

Terwijl de welgestelden zich vol eten en drinken op weg naar het noorden of zuiden, rijden de openbare treinen van Maleisië en Thailand met ander materieel over dezelfde spoorlijn. Er zijn verschillende klassen, met zowel zit- als slaapplaatsen; de tweedeklasslaapcoupés hebben banken, die 's avonds worden omgebouwd tot een stapelbed. In de Thaise treinen zijn redelijk goede maaltijden en drankjes verkrijgbaar. De Maleisische treinen hebben restauratiewagens, waarin vooral snacks worden aangeboden.

Door de aanleg van dubbele sporen en de elektrificatie van de spoorlijn tussen Kuala Lumpur en Ipoh kunnen de treinen hier deels 150 kilometer per uur rijden. Deze verbetering wordt helemaal tot aan de Thaise grens doorgevoerd, zodat de spoorwegen uiteindelijk snellere en uitgebreidere diensten kunnen aanbieden. De afstand van Singapore naar Bangkok bedraagt 1984 kilometer en de reis duurt ongeveer 48 uur, zonder vertraging. De treinverbindingen in Kuala Lumpur, Butterworth en Hat Yai sluiten niet naadloos op elkaar aan; soms is er daardoor een vertraging van enkele uren. In Maleisië splitst een oostkustlijn zich bij Gemas af van de noord-zuidlijn. Deze eindigt in Tumpat, bij Kota Bharu in de noordoostelijk gelegen staat Kelantan. In Thailand biedt de trein een prima manier om het land te ontdekken.

Boven: op de elektrische spoorlijn tussen station Ipoh (hier afgebeeld) en Kuala Lumpur rijden moderne sneltreinen.

DE OUDE STOOMSPOORLIJN VAN NOORD-BORNEO
Een jungletrein

DAVID BOWDEN

Het schrille geluid van de treinfluit schalt over Tanjung Aru als de zwarte stoomlocomotief langzaam wegrijdt van het station voor de opwindende reis langs de westkust van Sabah naar Papar, ongeveer 70 kilometer ten zuiden van de stad Kota Kinabalu, op het eiland Borneo.

Borneo omvat Sabah en Sarawak (twee Maleisische staten), het sultanaat Brunei en het Indonesische Kalimantan. De lijn van Tanjung Aru naar het stadje Tenom in het binnenland was lange tijd de enige spoorlijn op het eiland, totdat in het

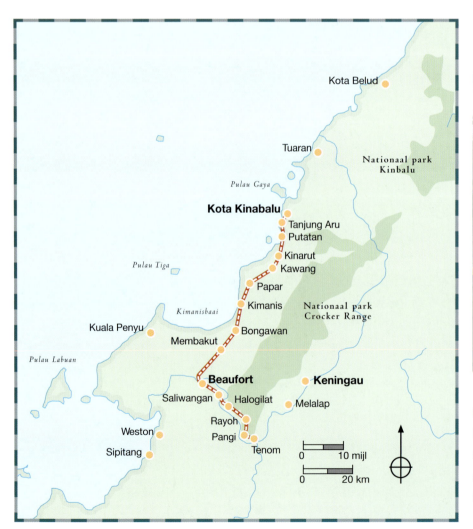

Boven: de rijtuigen van de North Borneo Railway worden voortgetrokken door een Vulcan-stoomlocomotief, die dateert uit 1896 en wordt aangedreven door brandhout.

Indonesische Kalimantan een goederenlijn werd geopend voor de export van kolen. De Sabahlijn is in 1896 van start gegaan en is nog altijd de enige commerciële spoorlijn op dit op twee na grootste eiland van de wereld.

Hier rijden twee treinen: de openbare trein van de staatsspoorwegen van Sabah, die de hele afstand naar Tenom aflegt (zie blz. 73), en de particuliere North Borneo Railway (NBR), die op woensdag en zaterdag een toeristische rit per stoomtrein maakt. De eerste biedt een opwindende reis naar de rand van de regenwouden langs de rivier de Padas; de tweede staat garant voor een leuke rit over hetzelfde spoor, die de sensatie van een trip per stoomtrein combineert met een nostalgische belevenis.

De NBR vertrekt om 10 uur, zodat de veelal buitenlandse toeristen genoeg tijd hebben om uitgebreid te ontbijten in de verschillende resorthotels langs de waterkant van Kota Kinabalu.

De stoomtrein gebruikt lokaal hout uit de mangrovebossen om vooruit te komen over de smalle, gammele spoorbaan. Waarschijnlijk is dit een van de weinige treinen op de wereld die nog worden voortgedreven door hout.

De comfortabele, opgeknapte rijtuigen van de NBR zijn weelderig vergeleken bij de lokale trein. Veel mensen gebruiken de North Borneo Railway vanwege het gemak, anderen genieten simpelweg van het plezier van een voorbije tijd. De romantiek van het reizen per stoomtrein roept beelden op van een bijna vergeten verleden en van een zeer ontspannen en beschaafde vorm van vervoer.

Boven: de stoomtrein rolt door de bossen van Sabah en waarschuwt met zijn fluit automobilisten op de kleine spoorwegovergangen.

De spoorlijn is een gezamenlijk project, waarmee het Sutera Harbour Resort en de Sabah State Railway in 2000 van start gingen. De treinen kunnen tachtig passagiers vervoeren in vijf volledig gerenoveerde, koloniale rijtuigen die worden voortgetrokken door een 82 ton zware Vulcan-stoomlocomotief van de Vulcan Foundry Ltd in Newton-le-Willows in het Engelse Lancashire. Ooit stond deze staat bekend als Brits Noord-Borneo. Toen was de trein een onmisbare verbinding voor de mensen in dit deel van Sabah, en nog altijd is hij van grote waarde voor het vervoer van mensen en goederen van en naar Tenom (de trein reed oorspronkelijk verder naar het noordwesten, naar de stad Malalap, maar dat deel is opgeheven).

Passagiers krijgen een idee van de tijd van de British North Borneo Chartered Company en de British Colonial Office, toen jonge Engelsen een tropisch avontuur aangingen als plantagebezitters en -managers in het mystieke Verre Oosten. Deze jongemannen namen de spoorlijn naar de wildernis van de dichte jungle, op zoek naar avontuur en rijkdommen die hun stoutste dromen te boven gingen.

De lijn loopt van Tanjung Aru door de gemeente Kinarut naar Papar. Een boeddhistische tempel in Kinarut is de eerste halte op de route. De tempel is een zeer kleurrijk boeddhistisch bouwwerk en de meeste toeristen profiteren van de kans om hem beter te bekijken, terwijl de lokale kinderen zich vermaken vanwege de interesse in iets dat voor hen zo alledaags is.

Met een hoop gefluit vertrekt de trein weer voor een stuk door mangrovemoerassen en rijstvelden, waar waterbuffels rondbanjeren langs het spoor. De machinist laat de fluit overuren maken om automobilisten op de vele kleine overgangen te waarschuwen dat ze aan de kant moeten.

De trein steekt de rivier de Papar over via een stalen schraagbrug en komt dan in Papar, waar hij veertig minuten blijft, zodat passagiers deze 'rijstkomgemeente' en de lokale markt (in dit deel van de wereld een *tamu* genoemd) kunnen verkennen. Terwijl de passagiers over de markt slenteren, wordt de trein op een enorme draaischijf omgekeerd, zodat hij aan de terugreis kan beginnen.

Tijdens de terugreis worden drankjes en een lunch geserveerd door enthousiaste

Onder: in Papat wordt de trein omgekeerd, zodat hij klaarstaat voor de terugreis.

Links: passagiers kunnen onderweg uitstappen om de kleurige boeddhistische tempel in de stad Kinarut te bekijken.

jonge bedienden met tropenhelmen. De lunch zit in traditionele trommels die in de koloniale tijd werden gebruikt. Deze unieke culinaire belevenis licht de exotische mengeling van Aziatische en westerse stijlen uit, met de nadruk op een aantal populaire Maleisische lekkernijen. Wijn en bier zijn verkrijgbaar tegen redelijke prijzen. De gratis citroenlimonade is meer dan welkom, omdat de temperatuur door de open ramen heel hoog blijft. De ventilatoren aan het plafond zorgen voor de authentieke koloniale sfeer van de tijd voor de airconditioning. Om 13.40 uur bereikt de trein zijn eindbestemming.

De binnen- en de buitenkant van de rijtuigen zijn opgeknapt in de stijl van een negentiende-eeuwse trein. De buitenkant is geschilderd in het traditionele donkergroen en roomwit, en koperen logo's tonen het originele ontwerp van een tijger op de koninklijke kroon die een treinwiel vasthoudt.

SABAH STATE RAILWAY

Voor veel dorpelingen was de spoorlijn naar Tenom in het verleden de enige manier om in de afgelegen Padasvallei te komen. Tegenwoordig zijn er wegen die de inwoners van Tenom een snellere toegang tot de buitenwereld bieden. De spoorlijn is aangelegd door William C. Cowrie, de voorzitter van de British North Borneo Chartered Company.

De lokale trein is een aanrader voor 'treinspotters', die deze unieke kans beschouwen als een belevenis die ze kunnen afvinken van hun lijst met exotische treinreizen.

De openbare trein is goedkoop en zit boordevol karakter en karakters. Het kan zes uur duren voor een bestemming wordt bereikt, en vertragingen zijn niet ongewoon. Het is aan te bevelen om de 140 kilometer lange reis naar Tenom te maken, daar te overnachten (er is een prachtig landbouwonderzoekscentrum met een grote collectie tropische planten) en de volgende dag de trein terug naar de beschaving te nemen. In Tenom wordt ook koffie gekweekt; wie in de stad is, moet het lokale brouwsel absoluut proeven.

Deze bladzijden: het paradepaardje van de Alaska Railroad, de Denali Star, trekt ook speciaal uitgeruste cruisetreinwagons mee voor touroperators als Princess Tours.

NOORD-AMERIKA & HET CARIBISCH GEBIED

DE ALASKA RAILROAD
Een rollend panorama van verbluffend natuurschoon

BRIAN SOLOMON

Een van de interessantste Amerikaanse spoorlijnen is de befaamde Alaska Railroad, die exclusief rijdt in de staat waaraan hij zijn naam ontleent. Al in 1867 namen de Verenigde Staten Alaska over van tsaristisch Rusland, maar het duurde lang voor het nieuw verworven gebied werd gekoloniseerd. Het is van het Amerikaanse vasteland gescheiden door de Canadese provincie British Columbia. Alaska, in de volksmond ook wel 'The Last Frontier' genoemd, werd pas in 1959

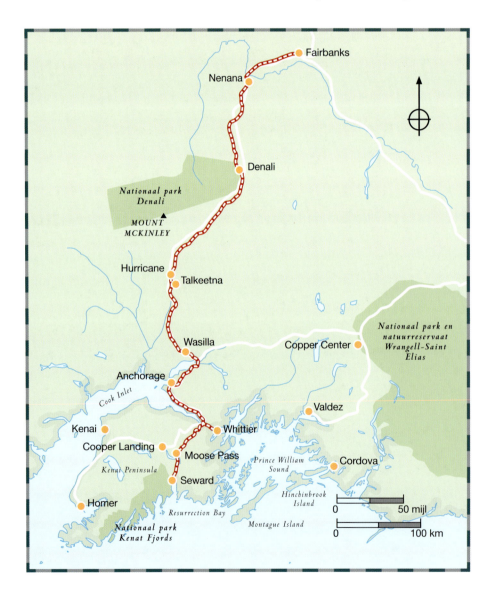

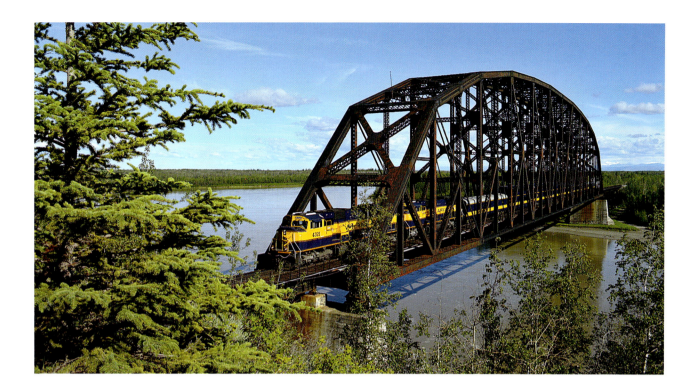

officieel een staat. Met 1.722.311 vierkante kilometer is het de grootste staat, maar met 710.000 inwoners heeft het een van de kleinste bevolkingsaantallen. Het afgelegen Alaska is een ruig, woest gebied met uitzonderlijk natuurschoon en zeventien van de twintig hoogste bergen van de VS. De Denali (Mt McKinley) is met zijn 6193 meter de hoogste berg van Noord-Amerika.

De Alaska Railroad is geen standaard Amerikaanse spoorlijn. Hij is grotendeels in de twintigste eeuw gebouwd en anders dan de meeste Amerikaanse lijnen is het grootste deel van de route van de Alaska Railroad aangelegd door de federale overheid en werd federaal geëxploiteerd, tot de staat Alaska de lijn in 1985 kocht. De lijn sluit niet aan op de rest van het Noord-Amerikaanse netwerk; goederenvervoer moet per veerboot van Whittier naar Seattle worden overgezet om de lagergelegen staten te kunnen bereiken. De meeste Amerikaanse spoorlijnen hebben het passagiersvervoer over lange afstanden in de jaren zeventig van de vorige eeuw overgedragen aan Amtrak, maar Alaska exploiteert nog steeds zijn eigen passagierstreinen, met een klasse die in de overige staten zeldzaam is. Het netwerk omvat 573 kilometer, met een hoofdlijn die in noordelijke richting van Seward via Anchorage naar Fairbanks loopt. Er zijn enkele nevenlijnen, waaronder de lijn door de Anton Anderson Memorialspoor- en autotunnel naar de veerhaven Prince William Sound in Whittier.

De Alaska Railroad is een belangrijke ader voor goederen- en passagiersvervoer, en de passagierstreinen zijn populair onder toeristen. Inwoners van Alaska reizen

Boven: de Denali Star *van de Alaska Railroad op de enorme vakwerkbrug over de Tanana bij Nenana in Alaska. Deze indrukwekkende overspanning is een van de belangrijkste grote bouwwerken van de spoorlijn.*

Volgende bladzijden: het einde van de zomer is een van de beste periodes om Alaska te bezoeken. Het weer is vaak droger en de dagen zijn nog lang. Alaska Railroad gebruikt moderne SD70MAC-diesellocomotieven voor passagierstreinen. Hier werken een SD70MAC en GP40-2 bij Ester samen voor de in zuidelijke richting rijdende Denali Star.

met 20 procent korting. De spoorlijn werkt samen met cruiseschipbedrijven en heeft in de reguliere treindiensten speciale rijtuigen met luxe accommodatie voor reisgezelschappen. Zo'n georganiseerde reis is een goede manier om Alaska per spoor te verkennen, maar u kunt ook kaartjes kopen voor de normale treinen.

Alaska heeft een overvloed aan wilde dieren; passagiers kunnen vanuit de trein elanden, beren en soms wolven spotten. De bergachtige landschappen en vergezichten met gletsjers trekken elk jaar duizenden treinrijders.

U kunt het grootste deel van de hoofdlijn bereizen, maar geen enkele trein rijdt het complete stuk. Sinds de zomer van 2014 werkt de spoorlijn met vier diensten. Het paradepaardje de *Denali Star* legt tussen half mei en half september dagelijks de 573 kilometer af tussen Anchorage en Fairbanks. De trein vertrekt om 8.15 uur vanuit Anchorage en rijdt meestal in iets minder dan twaalf uur naar het noorden. Onderweg stopt hij in Wasilla en Talkeetna – een stad die bekendstaat om zijn bijzondere natuurschoon en een burgemeester die volgens de laatste berichten een kat was. Er is ook een halte in Denali, voor passagiers die het Nationaal park Denali willen bezoeken. Dit is een populaire tussenstop, waar bezoekers kunnen deelnemen aan avontuurlijke outdooractiviteiten. De *Denali Star* vertrekt om 8.15 uur in zuidelijke richting vanuit Fairbanks en arriveert rond 20.00 uur in Anchorage. De twee treinen komen elkaar halverwege tegen. Holland America/Westours McKinley, Princess Tours en Royal Celebrity Tours hebben vaste rijtuigen in de *Denali Star*.

Iets heel anders dan de luxe cruisetreinen is de *Hurricane Turn* van Alaska Railroad. Deze vertrekt om 12.45 uur uit Talkeetna en fungeert als lokale stoptrein in afgelegen gebieden. De trein arriveert rond 15.00 uur in Hurricane, waar hij ruim een uur blijft staan voordat hij weer naar het zuiden vertrekt. Men gebruikt deze trein om gebieden te bereiken die niet toegankelijk zijn via de weg.

De hele Alaska Railroad staat bekend om het fantastische uitzicht, maar de lijn van Anchorage naar het zuiden is pas echt spectaculair. De *Coastal Classic* rijdt tussen Anchorage en Seward. Deze trein vertrekt om 6.45 uur vanuit Anchorage naar het zuiden, stopt tussen 8.50 en 8.55 uur in Girdwood en komt iets na 11.00 uur aan in Seward. De trein naar het noorden vertrekt uit Seward en komt om 22.15 uur aan in Anchorage. Deze trein rijdt op de lange dagen tussen de tweede week van mei en half september, zodat het grootste deel van de reis bij daglicht plaatsvindt, ondanks de late aankomst in Anchorage.

De *Glacier Discovery* rijdt van Anchorage naar Whittier in het zuiden en maakt een aantal mooie stops. Deze trein rijdt van begin juni tot half september. Op de nevenlijn naar Whittier gaat hij door twee tunnels.

In de koudere, donkere maanden, als de andere passagiersdiensten een winterslaap houden (net als veel wilde dieren), rijdt elk weekend (en op een aantal doordeweekse dagen) de trein *Aurora Winter* tussen Fairbanks en Anchorage.

DE QUEBEC, NORTH SHORE & LABRADOR RAILWAY
Een rit naar de wildernis

BRIAN SOLOMON

In 1950 begon de Quebec, North Shore & Labrador Railway (QNS&L) met de aanleg van een compleet nieuwe spoorlijn, die losstond van de rest van het Noord-Amerikaanse netwerk en vooral was bedoeld voor het bereikbaar maken

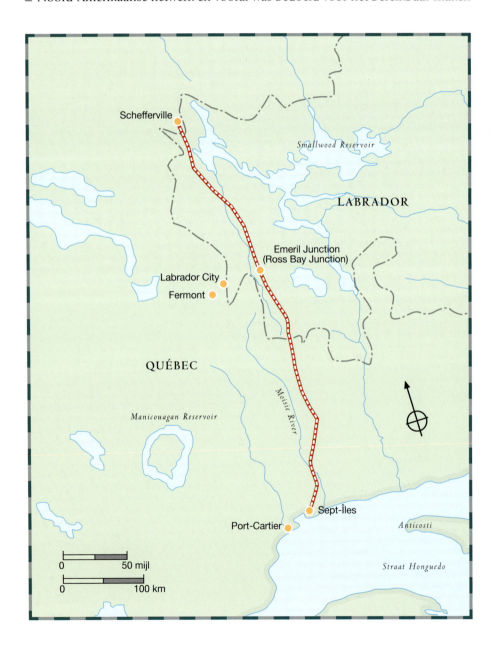

van ijzerertsvoorraden in Labrador en noordelijk Québec, en het vervoeren van ijzererts naar de havens aan de Saint Lawrencebaai. Deze lijn is nog altijd een van de meest afgelegen spoorlijnen in Noord-Amerika. De belangrijkste route loopt van Sept-Îles (Zeven Eilanden), Québec, ten noorden van de Saint Lawrencebaai, 575 kilometer noordwaarts naar Schefferville, Québec, via Labrador. Een belangrijke nevenlijn loopt van Emeril Junction (Ross Bay Junction) naar Labrador City. Sinds 1982 is erts uit dagbouwmijnen bij Labrador City de belangrijkste inkomstenbron voor de lijn.

Vanouds onderhield QNS&L goederen- en passagiersdiensten. De vrachttreinen zijn de zwaarste van Noord-Amerika en behoren tot de grootste van de wereld. Ertstreinen met tot wel 265 goederenwagons kunnen tot 33.700 ton wegen, bijna twee keer zoveel als een gewone Noord-Amerikaanse mineralentrein. Deze treinen rijden met meerdere moderne, sterke locomotieven, niet alleen voor aan de trein, maar ook op strategische plekken over de trein verdeeld, met behulp van decentrale krachttechnologie die een precieze, gesynchroniseerde bediening door de machinist mogelijk maakt.

QNS&L verbeterde de passagiersdienst in 1994 met de aankoop van tweedehands Budd RDC's van het Canadese VIA Rail. Deze motorwagens werden ongeveer tien jaar gebruikt, voordat ze werden vervangen door moderner materieel. Eind 2005 kreeg het nieuwe Tshiuetin Rail Transportation Incorporated (TRT) de leiding over de QNS&L-lijn ten noorden van het knooppunt bij Emeril, inclusief

Onder: de eerste rit van de opnieuw uitgeruste passagierstrein van de Quebec, North Shore & Labrador Railway in juni 2001. Deze trein heeft de klassieke, lichte, gestroomlijnde passagierswagons die tussen de jaren dertig en zeventig van de vorige eeuw werden gebruikt door Noord-Amerikaanse spoorwegmaatschappijen.

Boven: de Budd RDC-rijtuigen van QNS&L ten zuiden van Emeril Junction (Ross Bay Junction).

de exploitatie van passagiersdiensten op de route Sept-Îles-Schefferville. (Er waren ook passagiersdiensten via een nevenlijn rechtstreeks naar Labrador City, maar sinds 2014 wordt alleen de hoofdlijn nog gebruikt.) Volgens de bedrijfswebsite zijn de eigenaren van Tshiuetin drie groepen inheemse First Nations: de Innu Takuaikan Uashat Mak Mani-Utenam, Naskapi Nation of Kawawachikamach, en Nation Innu Matimekush-Lac John. Deze groeperingen vertegenwoordigen veel lokale volken die gebruikmaken van de passagierstreinen van het bedrijf. De naam Tshiuetin betekent 'noordenwind'.

In 2014 adverteerde TRT met twee wekelijkse ritten, met treinen die op maandag en donderdag om 8.00 uur uit Sept-Îles vertrokken voor de rit naar het noorden, en op dinsdag en vrijdag om 12.00 uur uit Schefferville. De trein doet naar schatting zeven uur over de totale afstand, maar door het belang van ijzerertsvervoer en de afgelegen ligging kan de werkelijke doorgangstijd variëren. Het is raadzaam om vooraf te reserveren.

De treinrit brengt passagiers naar de ware wildernis. Langs het grootste deel van de lijn zijn geen wegen en geen steden. Tom Carver, een collega die de route heeft bereisd, vertelde: 'Afgezien van de spoorlijn zelf en hier en daar een elektrische leiding, is vanuit de trein nauwelijks iets van mensenhanden te zien.' De spoorlijn ligt zo geïsoleerd dat de bemanning van goederentreinen en onderhoudspersoneel per helikopter worden vervoerd. Een groot deel van de lijn wordt vanuit Sept-Îles op afstand bediend door een centrale railverkeersleiding, zodat vervoercoördinators spoorwissels kunnen bedienen en treinbewegingen kunnen aansturen met behulp van seinen. Bij een seinstoring of aanverwante problemen wordt onderhoudspersoneel per helikopter ingevlogen. De helikopters volgen de spoorlijn, zodat ze makkelijk te vinden zijn als ze in de problemen komen.

Vrijwel direct na het vertrek uit Sept-Îles volgt de lijn de oostelijke oever van de Moisie. Deze rivier doorsnijdt een diepe, ruige, schitterende kloof; volgens Carver is het uitzicht 'ondanks de ligging in Oost-Canada van een omvang die past bij het landschap in Alberta of British Columbia'. Op de lagergelegen delen van de route rijdt de trein door dichte naaldbossen waar het wemelt van de wilde dieren: vanuit de trein zijn elanden, beren, herten en vogels te zien.

Verder naar het noorden wordt het landschap wat de Russen omschrijven als 'taiga', een noordelijk naaldbos met groenblijvende bomen, struiken, korstmossen en andere kleine planten, en overal water in de vorm van rivieren, stroompjes, meren en plassen. Dit landschap lijkt op dat van Alaska, Russisch Siberië en Scandinavië.

De winters zijn meedogenloos en in de zomer kan het stortregenen, maar in de warmere maanden onthullen helderblauwe luchten ongerepte landschappen, frisse lucht en een ontsnapping aan alle problemen van het moderne leven.

Labrador City kent enig toerisme. Carver: 'Lab City is een geweldige plek, de mensen zijn vriendelijk, er zitten een paar fantastische restaurants en de mijnentocht was uitstekend. Ze brachten ons naar een plek waar erts wordt gestort, en dat was fascinerend.' Sportievelingen kunnen vissen; watervliegtuigen brengen vissers naar afgelegen gebieden.

Onder: in Labrador vindt u een mix van taiga en kristalheldere, ongerepte meren – natuurschoon dat niet door de mens is bedorven.

DE ADIRONDACK SCENIC RAILROAD
Een spoorlijn die is teruggehaald uit de vergetelheid

BRIAN SOLOMON

De Adirondack Scenic Railroad is als Washington Irvings *Rip Van Winkle*; de lijn heeft decennialang geslapen en werd wakker in een veranderde wereld. De Adirondacklijn tussen Utica en Lake Placid heeft jaren in een sluimertoestand verkeerd – het spoor was intact, maar werd niet gebruikt, en de natuur drong zich langzaam op. Vanaf de jaren negentig van de vorige eeuw zijn delen van

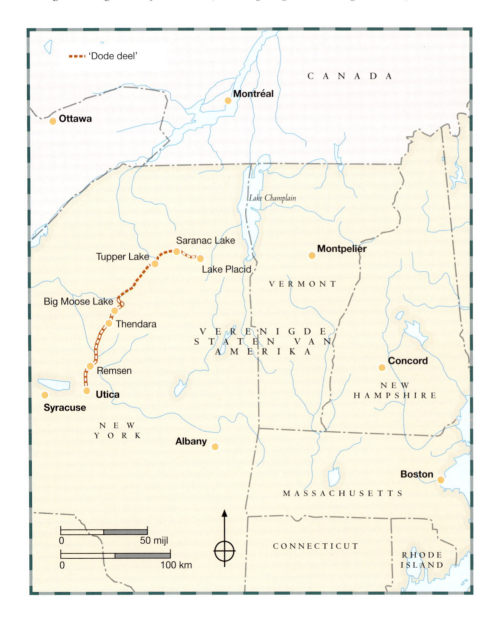

Boven: een excursietrein van de Adirondack Scenic Railway bij Lake Placid op een prachtige herfstavond.

de lijn weer in gebruik genomen en er is weer een seizoensgebonden toeristendienst naar een aantal steden langs de route, maar grote delen van het spoor blijven stil.

Door de geïsoleerde ligging, de lange sluimerperiode en de schilderachtige gebieden die hij doorkruist, behoort deze spoorlijn tot de bijzonderste routes in het noordoosten van de VS. Het intrigerendste deel van de spoorlijn is misschien wel het 'dode deel' diep in de wildernis van Adirondack. Sinds 2015 is dit deel van het traject dicht, maar iedereen die met de treinen van de Adirondack Scenic reist, weet dat de lijn veel verder loopt, alsof u een onderzoekende stap in een enorme spelonk zet en het daglicht ineens wegvalt, zodat alleen een hint van de inktzwarte diepte erachter overblijft.

De indiaanse naam Adirondack betekent 'boometer' of 'schorseter', en verwijst naar het volk dat in deze beboste regio leefde en soms van boomschors moest leven. Het is een van de dunst bevolkte gebieden van de oostelijke Verenigde Staten. Dit mooie gebied wordt gedomineerd door het Adirondack Park, dat 2.428.113 hectare bestrijkt en daarmee het grootste is op het vasteland van de VS, en het grootste wildernisgebied in het oosten. Het park werd gevormd in 1892, hetzelfde jaar dat dr. William Seward Webb ('Seward') de belangrijkste spoorlijnen in de regio opende.

Webb was een chirurg die door slim te trouwen in een van de machtigste spoorwegfamilies van Amerika terechtkwam. Zijn vrouw, Lila Osgood Vanderbilt, was een dochter van William Henry Vanderbilt, baas van de New York Central Railroad, en kleindochter van de beroemde oprichter van de spoorlijn, Cornelius 'Commodore' Vanderbilt. De twee oude Vanderbilts waren al overleden toen Webb zijn spoorlijn opzette, maar de familie Vanderbilt bleef aan het roer van de New York Central, een van de twee machtigste lijnen in het oosten van de VS (de andere was de Pennsylvania Railroad).

In zijn boek *Road of the Century* legt Alvin Harlow uit dat Webb zijn opmars naar het Adirondackgebergte begon door de leiding op zich te nemen van een smalspoorlijn die zich bij Herkimer in noordelijke richting afsplitste van de hoofdlijn van de New York Central, en deze op te nemen in een nieuw bedrijf met de naam St Lawrence & Adirondack. Zijn route liep ten noorden van Remsen via Thendara over een bergtop bij Big Moose Lake naar Tupper Lake, en dan noordwaarts naar Montréal. Er werd een tweede route aangelegd naar Ottawa. Webb wilde dit afgelegen gebied beter toegankelijk maken voor rijke toeristen die wilden jagen en vissen.

Vanaf het begin maakte de spoorlijn deel uit van het Vanderbiltimperium, maar begin twintigste eeuw ging hij op in het enorme New York Central System en fungeerde hij als de belangrijkste route voor verkeer naar Montréal. De lijn floreerde als belangrijke route voor de bosbouw en doorgaand verkeer naar Canada, maar werd ook gebruikt voor passagierstreinen vanaf de Grand Central Terminal in New York en van Buffalo naar Montréal, en voor diensten naar gemeenschappen langs de lijn en vakantiegebieden als Saranac Lake en Lake Placid. Pas in 1945 legden drie passagierstreinen in beide richtingen dagelijks de hele route tussen Utica en Montréal af, en waren er lokale treinverbindingen naar Saranac Lake en Lake Placid. Na de oorlog zette het verval in. De laatste vaste passagierstreinen van de New York Central reden in 1965, en hoewel de lijn tot 1972 openbleef voor goederenvervoer, werd hij niet opgenomen als onderdeel van Conrail. Na 1975 nam de staat New York de lijn over. In 1980 beleefde de route een korte opleving toen het bedrijf Adirondack Railway door New York werd ingezet om treinen van Utica naar Lake Placid te laten rijden voor de Olympische Winterspelen van dat jaar. In 1981 kwam daaraan een einde en raakte de lijn in onbruik.

In 1992 werd een geïsoleerd, 6,5 kilometer lang deel bij Thendara in de staat New York heropend voor beperkte toeristendiensten. In 1993 werd het gehele noordwaartse traject van Remsen naar Lake Placid in het National Register of Historic Places geplaatst, waardoor de lijn behouden kon blijven. In de afgelopen twintig jaar heeft de Adirondack Scenic geleidelijk delen van de route hersteld voor excursietreinen. De diensten gebruiken stations in Utica, waar passagiers kunnen overstappen op Amtraktreinen naar andere steden in New York, en in Thendara en Lake Placid, vakantieplaatsen in het hart van de regio Adirondack. Niet lang geleden is de lijn ten noorden van Thendara (bij Old Forge) naar de bergtop bij Big Moose Lake, op 620 meter boven zeeniveau, heropend. Dit is een gestage klim met een hellingspercentage van 2,2 procent. Het is nu mogelijk om uitstapjes te maken op de lagergelegen 101 kilometer tussen Utica en Big Moose, en op de hogergelegen 16 kilometer tussen Lake Placid en Saranac Lake.

Vanuit Utica naar het noorden worden de eerste kilometers gedeeld met de Mohawk, Adirondack & Northern Railroad, een goederenspoorlijn die wordt geëxploiteerd door de Genesee Valley Transportation. Niet ver buiten Utica nemen de tekenen van bewoning af en wordt het gebied ruiger. Het landschap wordt een aaneenschakeling van bossen, met hier en daar een overweg of een huis langs het spoor. In Remsen zijn enkele rangeersporen, het station en een open ruimte alles wat over is van het belangrijke knooppunt uit de hoogtijdagen van de lijn. Iets verder

Onder: een historische oude Alco RS-3 van de New York Central in de ouderwetse kleuren met de bliksemschicht trekt een excursietrein van de Adirondack Scenic ten zuiden van Thendara, New York.

Boven: de voormalige Alaska Railroad 1508 van Adirondack Scenic is een F7A-diesellocomotief van General Motors' Electro-Motive Division in LaGrange. In de jaren vijftig van de vorige eeuw was dit een van de meest gebruikte locomotieven in Noord-Amerika. Deze trekt een zomerexcursietrein naar het zuiden in Thendara, New York.

noordwaarts ligt Snow Junction, waar de lijn van MA&N verdergaat naar hun klanten. Ruim 12 kilometer na Remsen komt Forestport, met een station dat eruitziet als de setting voor een griezelverhaal van Stephen King.

De kilometerslange reis door het bos is enerverend. De regio staat bekend om zijn noodweer en de reis kan gepaard gaan met een plotselinge wolkbreuk, waarbij een overvloed aan water, donder en bliksem bijdraagt aan het avontuur. In de zomer is het weer aangenaam, maar het najaar is de beste tijd voor een rit, omdat het gebladerte dan het mooist is. Adirondack is gezegend met een van de langste en mooiste gebladerteseizoenen in de oostelijke Verenigde Staten, en de trein blijft een van de beste manieren om de afgelegen delen van de regio te zien.

Het middelste, 113 kilometer lange 'dode deel' van de Adirondack Scenic wordt alleen bereden door materieel dat moet worden verplaatst en door spoorwegpersoneel. De Iowa Pacific Holdings uit Chicago, een actieve exploitant van korte spoorlijnen, excursietreinen en passagierstreinen, heeft onlangs interesse getoond in een dienst met Pullmanrijtuigen van New York City naar Lake Placid over het deel van de lijn van de Adirondack Scenic ten noorden van Utica. Veel mensen zouden blij zijn met een heropening van de lijn, maar een kleine, luidruchtige groep dwarsliggers lobbyt om het spoor te laten weghalen en de lijn voor altijd te sluiten. Hopelijk blijft deze route, die zo lang heeft overleefd, nog generaties op de kaart staan en kan eenieder ooit weer genieten van de schitterende reizen door de bossen en bergen van Adirondack.

Links: het 'dode deel' van de Adirondack heeft iets griezeligs en onweerstaanbaars. De weinig bereden route vormt een mysterieus, ongrijpbaar pad door de wildernis. Misschien gaan er ooit weer treinen rijden.

DE CALIFORNIA WESTERN RAILROAD
Eenzaam spoor door de sequoiabossen

BRIAN SOLOMON

Eeuwenlang floreerden de sequoiabomen aan de ruige Californische kust ten noorden van San Francisco. Westerse kolonisten waren onder de indruk van de natuurlijke schoonheid van Californië, maar ze waren vooral gecharmeerd van de rijkdommen. Al snel zagen de kolonisten, onder wie veel avonturiers die op het goud afkwamen, de grote sequoiabossen als een mooie bron van inkomsten.

Sequoiabomen behoorden in de late negentiende en vroege twintigste eeuw tot de belangrijkste materialen in Californië. Het hout was ideaal voor de ingewikkelde victoriaanse 'gingerbreadarchitectuur' die de Californische steden begon te domineren. Toen San Francisco in de tweede helft van de negentiende eeuw explosief groeide, schoten de sequoiahuizen uit de grond.

De bossen in het noorden leverden een enorme voorraad timmerhout: sommige sequoia's waren wel 114 meter hoog, met een omtrek van 7 meter aan de onderkant van de stam. Een van de plaatsen die profiteerden van de houthandel, was de oude militaire buitenpost Fort Bragg, op de plaats waar Pudding Creek en de rivier de

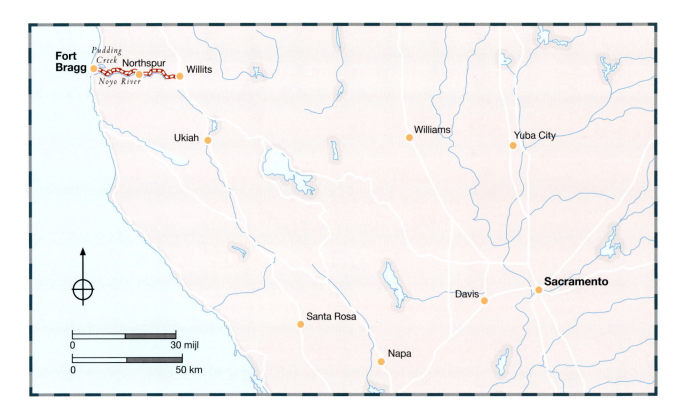

Links: *een GP9 van General Motors' Electro-Motive Division in rode en bruine kleuren tussen de sequoia's bij Northspur, Californië. Veel excursietreinen van de California Western rijden nu met diesellocomotieven.*

Links: *de treinrit tussen 's werelds hoogste bomen door is nergens mee te vergelijken. De hoge bomen zijn allemaal tweede en derde kweek; de echt grote bomen zijn tientallen jaren geleden omgezaagd. Alleen hun stronken zijn er nog.*

Noyo de Grote Oceaan in stromen. Het fort is in 1857 vernoemd naar kapitein Brixton Bragg, slechts een paar jaar voordat de Amerikaanse Burgeroorlog uitbrak en hij de kant van de geconfedereerden koos. Een van de neveneffecten van het bloedige conflict was de goedkeuring van de Pacific Railroad om Californië te verbinden met het oosten (in het bijzonder de Unie). De twee bedrijven die de eerste transcontinentale lijn van Amerika aanlegden, waren het in Californië gestationeerde Central Pacific, dat in oostelijke richting werkte, en Union Pacific, dat in westelijke richting werkte.

Uiteindelijk heeft de spoorlijn Californië verrijkt; met name San Francisco floreerde, wat resulteerde in meer bouwprojecten. De Fort Bragg Railroad werd in 1885 aangelegd om de houtzagerijen aan de kust te verbinden met de kapgebieden langs Pudding Creek. Het was eenzelfde lijn als andere geïsoleerde houtspoorlijnen in Noord-Californië. De meeste lijnen verbonden echter slechts kapgebieden met kleine havens aan de kust, maar de spoorlijn van Fort Bragg ging verder het binnenland in dan de andere. De bouwers drongen door in het hogergelegen deel van de Noyovallei door een 361 meter lange tunnel te graven onder de bergkam tussen de waterscheidingen van Pudding Creek en de rivier de Noyo. In 1905 werd de naam veranderd in de California Western Railroad & Navigation Company. De houthandel floreerde na de grote aardbeving en brand in San Francisco in 1906, waarna een tweede, ongekende bouwhausse ontstond. In 1911 was de spoorlijn over de Pacific Coast Range doorgetrokken naar een aansluiting op de nieuwe Northwestern Pacific Railroad bij Willits, zodat een rechtstreekse verbinding ontstond met de San Francisco Bay Area. De California Western Railroad groeide uit van een houtspoorlijn tot een complete vervoerslijn.

In 1912 werd begonnen met reguliere passagiersdiensten. Tijdens een korte periode in de jaren twintig exploiteerde CW samen met Northwestern Pacific slaaptreinen tussen Fort

Onder: de excursietreinen van de California Western worden vaak voorafgegaan door een klassieke GP9 dieselelektrische locomotief.

DE CALIFORNIA WESTERN RAILROAD

Bragg en de Bay Area. (Passagiers naar San Francisco moesten de laatste kilometers overbruggen met een veerdienst vanuit Sausalito.)

Passagierstreinen waren echter duur en in 1925 besloot het spoorwegbedrijf op benzine rijdende railbussen in te zetten in plaats van stoomtreinen. De uitlaatgassen van de simpele benzinemotoren irriteerden de gevoelige neuzen van de Californiërs, die gewend waren aan frisse zeewind en schone berglucht. De nieuwerwetse railbussen van CW werden vergeleken met stinkdieren en de rijtuigen werden bekend als *Skunk trains*. De bijnaam bleef hangen en werd synoniem met de populaire passagiersdienst. In de jaren vijftig, toen de meeste spoorwegbedrijven hun vooroorlogse benzinevoertuigen hadden afgedankt, hield CW stand. Een gestileerd stinkdier werd de vaste mascotte van de lijn.

In de jaren zeventig bleven de nachtelijke goederentransporten de belangrijkste inkomstenbron voor de maatschappij, maar het ooit zo lucratieve houtvervoer raakte in verval. Begin jaren negentig reden er nog maar een paar honderd treinen per jaar. In 1998 werd de NWP-route gesloten, waardoor CW werd afgesneden van

Onder: in 1966 was California Western nog een belangrijke vervoerder. Drie keer per week trof de Skunk train *de Budd Rail Diesel Car in Willits, Californië. De RDC van NWP reed tot 1971, vlak voordat Amtrak zijn intrede deed. De hier afgebeelde M-300 van de California Western werd door Brill gebouwd voor de Seaboard Air Line, en werd later omgezet van benzine-elektrisch naar dieselelektrisch. In Cuba rijden soortgelijke treinen.*

de rest van het Amerikaanse goederennetwerk. In datzelfde jaar sloot de oude houtzagerij in Fort Bragg haar deuren. De spoorlijn was een toeristenlijn geworden, waarop de historische 'Skunktreinen' en treinen met een locomotief werden gebruikt. De passagiersdiensten waren uitgegroeid van traditionele, reguliere treinen tot een excursiedienst voor toeristen die de hoge bomen wilden bekijken.

Tegenwoordig rijden de excursietreinen vanaf beide eindpunten; de meeste treinen keren halverwege om bij Northspur, een oase diep in de sequoiabossen, ver van steden en snelwegen. Vanwege het lastige terrein moet de trein 64 kilometer afleggen langs Pudding Creek en de rivier de Noyo en over de Coast Range, hoewel de afstand hemelsbreed maar 37 kilometer is. Het grootste deel van de reis is niet toegankelijk over de weg. De reis vanaf Fort Bragg volgt een grotendeels vlak traject naar het binnenland; reizigers vanuit Willits worden getrakteerd op een bergachtigere route, die van 416 meter hoogte naar de top op 530 meter klimt, dan een steile afdaling maakt met een hellingspercentage van 3,5 procent, en door een aantal scherpe bochten (23 graden) kronkelt via een 13,5 kilometer lang sliertig spoor, dat slechts 2,5 kilometer overbrugt.

Boven: de mascotte van de California Western is een stinkdier met een pet en een jas. De beroemde 'Skunk trains' van de spoorwegmaatschappij waren op benzine en elektriciteit aangedreven motorwagens, die hun bijnaam kregen vanwege de stinkende uitlaatgassen van de verbrandingsmotor.

De torenhoge sequoia's zijn de belangrijkste attractie. Bezoekers moeten deze woudreuzen echter niet verwarren met de bomen die de bouwers van de spoorlijn meer dan een eeuw geleden hiernaartoe trokken. Bijna alle oorspronkelijke bomen zijn gekapt en in stukken gezaagd. De bomen die nu langs de lijn groeien, zijn tweede en derde kweek. De historische bomen waren veel groter; men neemt aan dat de klimatologische omstandigheden waarin ze zo groot konden worden, zijn veranderd. In het bos staan nog enorme stronken met doorsneden van meer dan 3,5 meter, als spookachtige herinneringen aan de oorspronkelijke stammen. De huidige bomen zijn niet alleen de nakomelingen van de oorspronkelijke bomen, het zijn zelfs scheuten uit de oude wortels. Als ze worden gekapt, verjongen de sequoia's zichzelf, waardoor de enorme stronken van gesneuvelde bomen vaak worden omringd door nieuwe uitlopers.

Het is ironisch dat de 'Redwood Route' – of 'Sequoiaroute', zoals de California Western werd genoemd voordat de *Skunk train* beroemd werd – nog bestaat, zodat bezoekers kunnen genieten van bomen die de plaats hebben ingenomen van de bomen die ooit zijn gekapt voor het goederenverkeer op de lijn. De spoorlijn heeft zich, net als het bos, aangepast aan deze nieuwe realiteit.

DE SOUTH SHORE
De laatste elektrische *interurban* van Amerika

BRIAN SOLOMON

Een eeuw geleden verbonden lichte, interlokale spoorlijnen kleine en grote steden in de hele Verenigde Staten met elkaar. Vooral de staten van het Midden-Westen hadden een compact netwerk van elektrische lijnen, die door steden, langs wegen, over open velden en vaak evenwijdig aan de oudere, ingeburgerde 'stoomspoorlijnen' liepen. Voor de opkomst van verharde snelwegen en van auto's en bussen vormden deze *interurbans* een aanvulling op en soms een concurrent voor stoomlijnen voor passagiers- en goederenvervoer.

De elektrische interurbans bereikten hun hoogtepunt voor de Eerste Wereldoorlog. Door de opkomst van de automobielindustrie begonnen de kleurrijke lijnen te verdwijnen in de jaren twintig. Vele bezweken tijdens de Grote Depressie, en in de jaren vijftig waren nog maar enkele lijnen over. Soms werden delen van de oude interlokale lijnen opgenomen in het spoornetwerk. Vandaag de dag fungeert nog slechts één echte interurban als passagiersdienst: de beroemde South Shore & South Bend in Chicago, in de volksmond de 'South Shore' genoemd.

Deze lijn is niet exotisch vanwege het landschap dat hij doorsnijdt of de

bijzondere stadjes die hij met elkaar verbindt. Zijn charme komt voort uit het feit dat hij de allerlaatste van zijn soort is. De South Shore is bekend bij spoorliefhebbers, maar wordt te vaak genegeerd door wereldreizigers die niet bekend zijn met zijn bijzondere status of die laatdunkend doen over het gebied dat hij bedient. Toch heeft hij een plekje in de Overseas Timetable van Thomas Cook en was hij in de loop der jaren onderwerp van boeken en tijdschriftartikelen.

De South Shore was vanouds een van drie grote interurbansystemen rond Chicago, alle drie eigendom van Samuel Insull, die ook aan het roer stond van het metrostelsel en het elektriciteitsbedrijf van de stad. Insull nam de leiding van Chicago, Lake Shore & South Bend over in 1925 en veranderde de naam in Chicago, South Shore & South Bend Railroad. In 1926 had hij de elektriciteitsvoorziening verbeterd en reden er rechtstreekse elektrische diensten naar het centrum van Chicago over de stadslijnen van de Illinois Central Railroad.

De Depressie maakte een einde aan Insulls macht, maar zijn spoorlijnen waren tijdens de Tweede Wereldoorlog alle drie goed bezet. De South Shore onderging

Boven: vlak na zonsondergang raast een trein van de South Shore over het geëlektrificeerde enkelspoor door de open velden in het noorden van Indiana. De elektrische interurbanlijnen bestreken ooit het hele Amerikaanse Midden-Westen. Tegenwoordig is de South Shore de enige overgebleven interlokale elektrische passagierslijn.

in de loop der jaren verschillende veranderingen, maar in de jaren zeventig was de passagiersdienst, net als veel andere, niet meer winstgevend; de lijn betaalde de rekeningen met de opbrengst van het goederenvervoer, terwijl de oude elektrische treinen bleven rijden.

In 1977 werd het Northern Indiana Commuter Transportation District in het leven geroepen om de South Shore als passagiersroute in stand te houden. In 1982 werden nieuwe Japanse, roestvrijstalen rijtuigen aangekocht om de versleten, veelgebruikte elektrische rijtuigen uit de tijd van Insull te vervangen. Het NICTD begon in 1989 met rechtstreekse passagiersdiensten; een particuliere onderneming nam het goederenvervoer op zich (als South Shore Freight). Zowel de passagiers- als de goederendiensten behielden de kenmerkende oranje en kastanjebruine kleuren van de traditionele South Shore. In 2009 breidde de South Shore zijn vloot uit met een aantal elektrische dubbeldekkertreinen.

De South Shore heeft elementen van de klassieke, Noord-Amerikaanse elektrische interurbanlijn, maar werkt toch als reguliere passagiersvervoerder. De 145 kilometer lange lijn is een van de langste die worden geëxploiteerd door een Noord-Amerikaanse interurbanlijn, en sommige treinen rijden dankzij de lengte intercitydiensten.

Passagierstreinen rijden via de voormalige Illinois Centrallijn van het Metra Electric District van het Millennium Station in Chicago naar Kensington Tower, waar ze op een eigen spoor verdergaan. De route gaat door industriegebieden in oostelijke richting naar Gary, Indiana, en langs de beroemde duinen aan de oever van Lake Michigan (waaraan de lijn de bijnaam 'Duneland Electric' dankt) naar Michigan

Links: de goederentreinen van de South Shore zijn tegenwoordig allemaal dieseltreinen. Hier rijdt een GP38-2 van Electro-Motive Division bij Burns Harbour in Indiana.

Links: de South Shore in 1958. Een paar elektrische rijtuigen uit de Insulltijd bereiken de oostkant van een straatspoor in Michigan City.

City. De South Shore loopt grotendeels langs druk bereden hoofdlijnen. Een hoogtepunt is de rit door Michigan City, waar hij midden op straat heuvel op en af gaat – een kenmerk van ouderwetse interurbans. De spoorlijn gaat op enkelspoor verder in oostelijke richting, door het boerenland naar South Bend. De afgelopen jaren is er een verbinding tussen de South Shore en het South Bend Airport gekomen. Reguliere diensten rijden dagelijks zo'n achttien keer op en neer tussen Chicago en Michigan City; op het interessantste deel van de spoorlijn in het uiterste oosten rijden op doordeweekse dagen slechts vijf treinen. Een retourreis van Chicago naar South Bend stelt bezoekers in staat om de laatste interurban van Amerika te beleven.

Links: het uitgebreide straatspoornetwerk in Michigan City is een exotisch overblijfsel uit een andere tijd. Nog altijd delen de zware, moderne elektrische rijtuigen de straten met auto's. Twee elektrische rijtuigen van de South Shore rijden van South Bend naar Chicago.

FERROCARRILES DE CUBA
Spoorwegparadijs in Cuba

BRIAN SOLOMON

Het Caribische eiland Cuba is meer dan 1255 kilometer lang en ligt op minder dan 160 kilometer van Florida. De hoofdstad Havana ligt aan de noordkust, ten zuidwesten van Key West. Het Cubaanse landschap wordt gekenmerkt door weelderige, vruchtbare laaglanden, waar al eeuwenlang suikerriet wordt gekweekt. Suiker was vanouds een van de belangrijkste exportproducten van Cuba, en een primaire reden voor de aanleg van een spoorlijn.

Cuba nam de spoorlijn in 1837 in gebruik, eerder dan veel landen op het Europese vasteland. In de hoogtijdagen behoorden de Cubaanse spoorwegen tot de best ontwikkelde netwerken van de wereld en vormden ze het meest gebruikte Latijns-Amerikaanse spoorwegnet. Nu vormen ze het enige overgebleven betekenisvolle Caribische netwerk.

Particuliere bedrijven waren verantwoordelijk voor de aanleg van een uitgebreid vervoerssysteem, dat zich op zijn hoogtepunt over 5858 kilometer spoor uitstrekte. De netwerken van de industriële spoorwegen voor de suikerplantages,

Links: *een FCC-passagierstrein bij het Estación Central in Havana staat op hetzelfde spoor als de dieselelektrische locomotief 38197.*

meestal gebruikmakend van smalspoor, besloegen in hun piektijd zelfs meer dan 12.070 kilometer.

Het Cubaanse spoorparadijs trekt al meer dan vijftig jaar bezoekers, grotendeels vanwege de bijzondere condities die zijn voortgekomen uit de revolutie van 1959, de dictatuur van Fidel Castro en Cuba's slechte relatie met de VS als gevolg van zijn controversiële verbond met de Sovjet-Unie. Deze ongewone politieke situatie droeg bij aan economische omstandigheden die ertoe hebben geleid dat op de spoorlijnen van Cuba de tijd schijnbaar heeft stilgestaan. Decennialang reden stoomlocomotieven op vaste trajecten en bleven oude lijnen in stand, zoals de elektrische, interlokale Hersheylijnen, die veel weg hebben van een Amerikaanse elektrische plattelandslijn uit de jaren twintig van de vorige eeuw.

De exploitatie van passagierstreinen met verouderd materieel en de grote verscheidenheid aan internationale locomotieven en rijtuigen, in combinatie met traditionele bediening, maken van Cuba een van de interessantste landen om treinen te berijden en fotograferen.

Hoewel ze buiten Cuba minder bekend zijn dan de beroemde Hershey Electric Railway (zie blz. 104), rijden op de hoofdlijnen van Cuba nog altijd langeafstandspassagiersdiensten, waaronder nachttreinen.

In de jaren twintig van de vorige eeuw werd een aantal vervoersdiensten van Cuba ondergebracht in de United Railways of Havana; andere werden geëxploiteerd als de Consolidated Railroads of Cuba. De spoorwegmaatschappijen werden aangestuurd door buitenlanders; de bestuursvoorzitter en andere hoge functionarissen van United Railways zaten in Londen, en de kantoren van de Consolidated

Railroads bevonden zich in de Grand Central Terminal in New York. Voor de revolutie van 1959 werd het meeste materieel gekocht bij Amerikaanse fabrikanten, en waren stoomlocomotieven van Baldwin en Alco standaard op de vervoerslijnen en de suikerlijnen. In de jaren vijftig volgde Consolidated het Amerikaanse voorbeeld van modernisering met de aankoop van nieuwe dieselelektrische locomotieven van General Motors en Rail Diesel Cars (RDC's) van de Budd Company.

De nationalisering begon al voor de revolutie. In 1952 werd United Railways omgezet in een staatsbedrijf met de naam Ferrocarriles Occidentales de Cuba (Westelijke spoorwegen van Cuba). Onder Castro werden de vervoerslijnen opgenomen in het staatsbedrijf Ferrocarriles de Cuba (Nationale spoorwegen van Cuba), dat nog altijd bestaat.

De hoofdlijn loopt van het Estación Central (Centraal Station) in Havana in oostelijke richting via Matanzas, Santa Clara en Camagüey naar Santiago de Cuba, een afstand van 854 kilometer. Reizigers moeten er rekening mee houden dat Cubaanse treinen niet naar westerse maatstaven worden onderhouden. De beste treinen op dit traject zijn tweedehands, roestvrijstalen rijtuigen uit Frankrijk, die zijn uitgerust met airconditioning, hoewel die niet altijd even goed werkt. De snelheid van de treinen loopt uiteen en deze reis kan wel achttien uur in beslag nemen.

Vanwege een dubbele economie, waarin voor Cubanen en buitenlanders verschillende regels gelden, kan het ingewikkeld zijn om treinkaartjes te kopen.

Onder: geïmporteerde diesellocomotieven van FCC zetten goederenwagons op een rangeerspoor bij het Estación Central in Havana.

Links: de TEM-2 van Bryansk Engineering Works uit de Sovjet-Unie was een veelvoorkomende zesassige diesellocomotief, die in verschillende landen is gebouwd. De Cubaanse FCC kocht tientallen treinen van dit type, samen met de vergelijkbare TEM-4, als blijk van zijn band met de USSR.

Onder: Ferrocarriles de Cuba (FCC) exploiteert passagiersdiensten over het hele eiland. Het belangrijkste eindpunt is het Estación Central (Centraal Station) in Havana. Dit historische station is een overblijfsel uit de tijd dat de Cubaanse spoorwegen een particulier vervoersbedrijf waren.

Buitenlanders moeten de kaartjes betalen met convertibele peso's (een munteenheid speciaal voor buitenlanders, aangeduid met 'CUC') en moeten ook niet verwachten dat ze met de lokale bevolking op het Estación Central in Havana in de rij kunnen gaan staan. Ze moeten hun kaartjes kopen in het oude stationsgebouw La Courbe om de hoek. Niet-Cubanen betalen flink hogere prijzen voor hun kaartjes dan de lokale bevolking, iets wat geldt voor veel goederen en diensten in Cuba. De bureaucratie rond de aankoop van kaartjes evenaart die van het Sovjetprototype. Zelfs het kopen van een simpel kaartje is een tijdrovende, bureaucratische beproeving, waarbij veel papierwerk komt kijken.

De Cubaanse spoorwegen behoren tot de weinige ter wereld waar Amerikaans, Europees, Russisch en Chinees materiaal naast elkaar rijden. Over het hoofdnetwerk rijden nog altijd zowel goederen- als passagierstreinen.

De ervaringen met de reguliere passagiersdiensten zijn wisselend: collega Donncha Cronin meldde dat hem sterk werd ontraden om met de trein te reizen en dat hij werd aangespoord om de bus te nemen. Volgens andere berichten wordt buitenlanders afgeraden de trein te nemen omdat ze druk en relatief pover zijn. Desondanks zullen onverschrokken spoorliefhebbers toch het land willen doorkruisen met Cubaanse intercity's, al was het maar om iets bijzonders te doen.

DE HERSHEY ELECTRIC RAILWAY
Gebouwd om chocolade te vervoeren

BRIAN SOLOMON

Sommige namen blijven hangen, al zijn ze tientallen jaren geleden al afgedankt. Neem de Hershey Electric Railway. In 1916 begon een Amerikaans chocoladebedrijf met de aanleg van de Hershey Cuban Railroad om snoepfabrieken te voorzien van suiker, en om andere materialen en het snoepgoed naar de haven van Havana te vervoeren. Vanaf de begintijd fungeerde de spoorweg als goederen- en passagierslijn.

De spoorlijn werd na de Eerste Wereldoorlog geëlektrificeerd en had veel weg van een klassieke Noord-Amerikaanse interlokale tramlijn, zoals de South Shore & South Bend in Chicago (beschreven op blz. 96-99). Spoorwegfanaten waren weg van de chocoladekleurige wagons die voortstuiterden op een lichte infrastructuur, compleet met sporen op en naast straten.

Onder: op de Hershey Electric Railway rijden nog enkele oude Brillrijtuigen. De negentig jaar oude rijtuigen zijn gemoderniseerd met nieuwe ramen en ander materiaal.

Links: de Hersheyrijtuigen worden veel gebruikt, vooral door mensen uit de omgeving, die voor regionaal vervoer van de lijn afhankelijk zijn. Ook toeristen genieten van de ouderwetse elektrische lijn, die doet denken aan de Amerikaanse en Canadese tramlijnen in de vroege twintigste eeuw.

Onder: het uitzicht vanaf de voorkant van een Hersheytrein terwijl die door het landschap ten oosten van Havana glijdt. Zoals veel apparatuur in Cuba wordt de oude elektrische spoorlijn uit noodzaak slechts minimaal onderhouden.

Hershey heeft het decennia langer volgehouden dan de meeste klassieke Amerikaanse interurbans. Op het hoogtepunt was de lijn zo'n 176 kilometer lang. Nu fungeert hij als vervoersdienst tussen Havana en Matanzas, met een hoofdlijn van 147 kilometer, en enkele korte aftakkingen in de buurt van Hershey zelf. De spoorlijn heeft al jaren geen banden meer met de Hershey Company en werd onder Castro in 1960 genationaliseerd en omgedoopt tot de Camilo Cienfuegos Division, maar de oude naam leeft voort. Enkele passagiersdiensten gebruiken nog de antieke, elektrische Brillrijtuigen die in de jaren twintig van de vorige eeuw in Philadelphia zijn gebouwd. Eind jaren negentig verwierf Cuba tweedehandsrijtuigen van de Catalaanse spoorwegen in Spanje, die in de buitenwijken van Barcelona hadden gereden, om de oude Brills aan te vullen. Hoewel ze tientallen jaren later zijn gebouwd dan het originele materieel, ogen ook de treinen uit Barcelona inmiddels flink gedateerd. Een aantal aangepaste oudere treinen geeft de lijn extra charme.

De oude Hersheyfabriek is rond 2002 gesloten, maar de elektrische spoorlijn is nog steeds een populaire toeristische attractie, waarvan ook de lokale bevolking gebruikmaakt. Volgens Donncha Cronin, die Cuba bezocht in 2014, staat de lijn

Boven: een bewaard gebleven goederenlocomotief van Hershey bij het oude Hershey Station (dat nu Casa Blanca heet). Net als de spoorlijn zelf dankt het station zijn naam aan het chocoladebedrijf uit Pennsylvania.

bekend om de vertragingen en wordt de dienstregeling slechts globaal nageleefd. 'Dit is een reis terug in de tijd. Het is een levensader voor gemeenschappen langs de route. Op veel plaatsen is het lastig om aan boord te gaan, omdat er geen perrons zijn, dus stappen passagiers in en uit via de cabine van de machinist.'

Om het vertrekpunt in Havana te bereiken, moeten passagiers de baai oversteken naar Casa Blanca. Cronin vertelde: 'Je neemt een veerboot bij een vervallen terminal aan het water. Er is een vaste incheckprocedure voordat je aan boord kunt gaan, vanwege een kaping een aantal jaren geleden. Als je de andere kant van de baai bereikt, is het makkelijk om de Hersheylijn te vinden. Je kijkt naar links, en daar is de bedrading. Die leidt naar een onromantisch station, waar het personeel een beetje rondhangt. Het deed me denken aan *Casablanca*, zonder Bogart.' Eenmaal onderweg is het een wilde rit. Cronin: 'Het is een reis op hoop van zegen, maar het personeel is voorkomend en maakt graag een praatje met passagiers.' De trein sukkelt voort met 10 tot 30 kilometer per uur. Een groot deel van het platteland is slecht bereikbaar over de weg, dus bedient de trein veel lokale reizigers. Matanzas is wel bereikbaar over de weg en met snellere treinen, dus maken slechts weinig passagiers de volledige rit.

Onder: *een tweedehands elektrische trein uit Barcelona staat stil op een straatspoor voor de stop bij het station Casa Blanca. De Cubaanse Hershey Electric Railway staat bekend om de ontspannen exploitatie en een soepele interpretatie van de dienstregeling.*

BEHOUD VAN CUBAANSE SPOORWEGEN
De overlevenden

BRIAN SOLOMON

Cuba's reputatie als bolwerk van spoorwegoudheden heeft geleid tot verschillende conserveringspogingen, enerzijds gericht op het behoud van elementen van het spoorwegerfgoed en anderzijds gericht op het aanbieden van toeristische attracties voor bezoekers. Het Spoorwegmuseum van Havana is gevestigd in het Cristina Station, de oude terminal van de Ferrocarriles Occidentales de Cuba. Het in 2009 geopende museum huisvest verschillende antieke stoomlocomotieven, die veelal zijn gebouwd in de Verenigde Staten. Een van de topstukken in de collectie is een locomotief die ooit werd bestuurd door Fidel Castro. Helaas verkeren veel museumstukken in een slechte staat, doordat ze jaren zonder enige vorm van onderhoud buiten hebben gestaan. Tijdens zijn bezoek in de zomer van 2014 ondervond Donncha Cronin dat een bezoek aan het museum ingewikkelder was dan hij had verwacht. 'Blijkbaar is het niet altijd open. Ze zeiden

Onder: het oude eindstation van de Ferrocarriles de Cuba huisvest nu het Spoorwegmuseum van Havana, dat wordt gerestaureerd.

Boven: onder de museumstukken in het Spoorwegmuseum van Havana zijn tientallen stoomlocomotieven van suikerplantages, maar ook modernere machines, zoals deze reusachtige dieselelektrische M62 uit de Sovjet-Unie.

dat het gesloten was "voor restauratie".' Gelukkig – zoals wel vaker het geval is in Cuba – waren een knikje en een knipoog, en een kleine donatie, voldoende om de deuren geopend te krijgen. Elders rond Havana staan oude stoomlocomotieven in het openbaar opgesteld, bijvoorbeeld bij de Almacenes San José (een handwerkmarkt).

Moeilijker vindbaar zijn de locomotieven die zich nog altijd bevinden op bewaard gebleven resten van stoomtreinlijnen van suikerplantages. Een van de beste voorbeelden is de toeristentrein in Trinidad, die banden heeft met de plantage Valle de los Ingenios. Deze enorme suikerplantage, die drie valleien bestrijkt en grotendeels dateert uit de achttiende en negentiende eeuw, wordt gezien als een van de beste overgebleven voorbeelden van de Caribische suikerindustrie. Ze staat sinds 1988 op de Werelderfgoedlijst van Unesco en omvat 75 bouwwerken, waarvan een groot gedeelte al tientallen jaren leegstaat.

De spoorlijn was onlosmakelijk met de plantage verbonden. Er wordt reclame gemaakt voor een dagelijkse excursie, die in theorie om 9.30 uur vanuit Trinidad vertrekt en om 14.00 uur terugkomt. Bezoekers kunnen echter het best vooraf informatie inwinnen, omdat de frequentie afhankelijk is van de vraag en de dienstregeling tamelijk losjes wordt geïnterpreteerd. In Trinidad staat een kasteelachtig gebouw, dat het oorspronkelijke treinstation lijkt te zijn geweest, maar de kaartjes voor de excursie worden verkocht vanuit een minder indrukwekkend bouwwerk in de buurt. Naast de actieve locomotief staan op rangeersporen ook verschillende ongebruikte machines. De passagierswagons lijken te zijn gemaakt van omgebouwde goederenwagons en hebben open zijkanten.

Donncha Cronin vertelde over een avontuur tijdens een recente excursie: 'Op een gegeven moment stopte de trein in een afgelegen plaatsje in *the middle of*

Links: het Spoorwegmuseum van Havana is een vergaarplaats voor uiteenlopende antieke locomotieven, waarvan de meeste buiten staan. Locomotief 1904 is een type-2-8-0 en is gebouwd in Wilkes-Barre, Pennsylvania, door de Vulcan Locomotive Works. Hij is kenmerkend voor de zware industriële locomotieven uit het Amerika van de vroege twintigste eeuw.

Links: een type-2-6-0 stoomlocomotief met nummer 1593, die in 1915 is gebouwd door Baldwin in Philadelphia, Pennsylvania. Deze handbeschilderde locomotief trekt nu excursietreinen over de spoorlijn van de Cubaanse plantage Central Australia.

Boven: het zicht vanuit de cabine van de stoomlocomotief op de bewaard gebleven lijn van de plantage Central Australia in Cuba. De trage, tropische tocht wordt gekenmerkt door een overwoekerd spoor.

nowhere. Het personeel stapte uit, liet de trein en de passagiers achter, en begon te jagen op een paar geiten op een open plek in het dorp. Ze isoleerden een van de geiten, namen haar mee de trein in en bonden haar luid blatend vast in het barrijtuig. Misschien zou de geit iemands avondmaaltijd worden?' Onder normale omstandigheden serveerde de bar twee soorten bier: Crystal, een gewoon pilsje, en voor de avontuurlijkere drinker Bucanero, met een heuse piraat op het etiket.

Een andere overgebleven suikerplantagelijn in Cuba is de Central Australia-lijn, gelegen bij de resten van een grote suikerfabriek ongeveer halverwege tussen Havana en Santa Clara. Deze lijn wordt in veel reisgidsen niet vermeld, maar is bijzonder leuk voor spoorliefhebbers. De excursie omvat een actieve stoomtreinhalte en een twee uur durende reis met een slakkengangetje over overwoekerde rails, waarbij verschillende demonstraties worden gegeven en de bemanning van de trein soms voor een muzikaal intermezzo zorgt. De betreffende suikerplantage zou Fidel Castro's hoofdkwartier zijn geweest tijdens de contrarevolutie van 1961.

Deze bladzijden: een dieselelektrische Alco DL-560 leidt de Andean Explorer van PeruRail over een hooggelegen plateau in de Andes.

TEN ZUIDEN VAN DE EVENAAR

CHILI
VAN TALCA NAAR CONSTITUCIÓN
Een venster op het plattelandsleven

BRIAN SOLOMON

Het Chileense meterspoor van Talca naar Constitución volgt een kronkelende, 88 kilometer lange route. Het is een van de laatste actieve nevenlijnen en biedt een mooi kijkje op het plattelandsleven van Chili.

Het vertrekpunt van de smalspoorlijn kunt u het best bereiken per hoofdlijn. De Chileense nationale spoorwegmaatschappij, Empresa de los Ferrocarriles del Estado (EFE), onderhoudt onder de naam TerraSur langeafstandspassagiersdiensten op de breedspoorlijn tussen station Alameda in Santiago in het noorden en de zuidelijk gelegen stad Chillán. De moderne treinen rijden meerdere keren per dag tussen de belangrijke plaatsen op de lijn. De EFE-treinen op de nevenlijn naar de kustplaats Constitución vertrekken twee keer per dag vanuit Talca, in de vroege ochtend en de avond. Ze maken gebruik van antieke motorwagens van Duitse makelij (in de bedrijfsliteratuur aangeduid als *buscarrils* – 'treinbussen'), die symbool staan voor de tegenstrijdigheid van de moderne hoofdlijn.

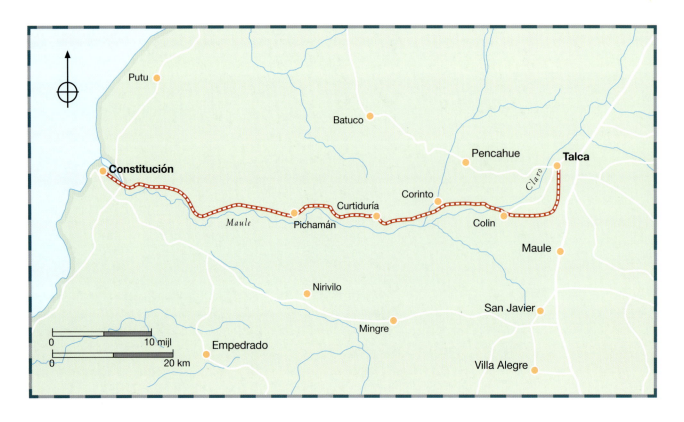

Boven: stilte voor de storm: de motorwagen met extra wagon van EFE staat in Talca klaar voor het vertrek om 7.30 uur naar Constitución.

Het is mogelijk om in Talca over te stappen op een trein op een zakspoor aan de andere kant van het perron, maar omdat de reguliere treinen op de nevenlijnen onregelmatig rijden, kunnen bezoekers die de route willen verkennen het best in Talca overnachten. Kaartjes voor de nevenlijn zijn in Talca aan de kassa verkrijgbaar.

Ondanks de onregelmatige ritten zitten de treinen goed vol. De route is populair onder toeristen, maar de meeste reizigers zijn inwoners van de regio, omdat er weinig tot geen wegen langs de lijn liggen. Voor een zitplaats moet u vroeg aanwezig zijn; het beste uitzicht heeft u achter de machinist, voor in het rijtuig. De motorwagen trekt meestal een ongemotoriseerde wagon mee, zodat er meer ruimte is voor passagiers. De tocht neemt drieënhalf tot vier uur in beslag. Er zijn veel vaste haltes, maar passagiers kunnen vrijwel overal in- en uitstappen.

De lijn volgt riviervalleien en steekt als eerste de Claro over ten westen van Colin, op 12 kilometer van Talca. Vanaf ongeveer 30 kilometer van Talca rijdt de trein door de Maulevallei. Het gebied rond Talca wordt gekenmerkt door een open landschap en wijngaarden. Verder naar het westen is de omgeving minder open en ruiger, met opvallende bouwwerken tussen Pichamán en Constitución, zoals een eenzame tunnel bij Quebrada Honda en een spectaculaire, door Gustave Eiffel ontworpen brug over de Maule aan de westkant van de route.

Deze smalspoorlijn was ooit veel drukker; er reden zware goederentreinen en passagierstreinen. Het wegvallen van een belangrijke expediteur in 1996 leidde tot een afname van het aantal ritten. Bij veel stations zijn ongebruikte rangeersporen en zijlijnen te zien. Het enige regelmatig gebruikte rangeerspoor ligt halverwege, bij een plaats die vroeger Infiernillo (Kleine Hel) heette, maar later is vernoemd naar de Chileense dichter Jorge Gonzáles Bastías. Zowel de ochtend- als de avondtreinen treffen elkaar hier en komen aan op hetzelfde tijdstip, wat duidt op een mate van punctualiteit die vaak niet overeenkomt met de werkelijkheid.

Chili staat bekend om het droge klimaat, maar het midden van het land kan worden geteisterd door hevige regenval, die de dienstregeling in de war kan sturen. De regio rond Constitución heeft in de loop der jaren te maken gehad met aardbevingen en vloedgolven. Toen Michael Walsh in augustus de route reed, zorgden omgevallen bomen en rotsblokken meerdere keren voor oponthoud. Naast de twee vaste treinen biedt EFE extra diensten om te voldoen aan de behoeften van de lokale bevolking.

Onder: vanaf de bok van de trein van Talca naar Constitución is te zien hoe spoorwegpersoneel tussen Toconey en Pichamán omgevallen bomen van het spoor verwijdert. De vertraagde trein uit Constitución aan de andere kant van de bomen reed achteruit terug naar Pichamán.

Boven: *de motorwagen met wagon van 7.30 uur uit Talca rijdt in Constitución achteruit weg van het hoofdperron, om 200 meter verderop te keren op een keerdriehoek. Tijdens urenlange regenbuien is zo veel water gevallen dat het spoor onder water stond.*

Links: *na de regenbui: twee motorwagens arriveren met de achterkanten tegen elkaar in Talca, waar een waterig zonnetje schijnt.*

PERU
HET TITICACAMEER EN DE ROUTE VAN DE *ANDEAN EXPLORER*
Van Puno naar Cusco

BRIAN SOLOMON

Het oppervlak van het Titicacameer ligt 3809 meter boven zeeniveau, waarmee het 's werelds hoogstgelegen meer en de hoogste bevaarbare watermassa is. Het meer is zeer diep (de geschatte diepte is 370 meter) en bestrijkt meer dan 8000 vierkante kilometer. Het maakt deel uit van de grens tussen Peru en Bolivia. Vanouds gebruikten de spoorwegmaatschappijen van beide landen drijvende platforms om goederenwagons over het water te vervoeren; passagiersboten verbonden de reguliere treindiensten met elkaar. De ligging van het Titicacameer valt in het niet bij de reusachtige bergtoppen van de Andes die het omringen, waarvan sommige tot wel 6400 meter boven zeeniveau reiken.

Boven: het uitzicht vanuit de Andean Explorer *van PeruRail.*

De eeuwenoude nederzettingen op de oevers behoren tot de oudste van Zuid-Amerika.

De *Andean Explorer* van PeruRail is een van de beste overgebleven, regelmatig rijdende treinen in een land dat beroemd is om zijn bijna mythische spoorbelevenissen. Dit is een van de mooiste treinreizen ter wereld. De *Andean Explorer* rijdt drie tot vier dagen per week en verbindt de stad Puna aan het Titicacameer met Cusco.

De huidige trein is modern vergeleken met de treinen die hier tot enkele jaren geleden reden. Hij doet denken aan een Europese Pullmanluxetrein, compleet met bar, observatieruimte en restauratiewagen. De trein is bedoeld voor rijke reizigers en is veel duurder dan de traditionele dienst die deze route exploiteerde. De trein vertrekt om 8.00 uur in noordelijke richting vanuit Puno en komt om 18.00 uur aan in Cusco. Het uitzicht is fantastisch – een open berglandschap met aan weerszijden de bergtoppen van de Andes. Dit is een van de hoogste treinreizen ter wereld.

TREINEN NAAR MACHU PICCHU
Van Cusco naar de beroemde Incaruïnes

BRIAN SOLOMON

Cusco is een schilderachtige stad met een combinatie van Spaanse en Inca-architectuur. De lijn vanuit Puna die de *Andean Explorer* gebruikt, is normaalspoor (1435 millimeter). De route die vanuit Cusco in noordelijke richting afdaalt naar de subtropische bossen, is echter een smalspoorlijn – iets minder dan 914 millimeter. Die laatste is de belangrijkste route naar de populaire Incaruïnes in Machu Picchu. Om die reden is het traject druk bereden – het is een van de drukste toeristenlijnen in Zuid-Amerika.

Machu Picchu werd pas in 1911 herontdekt. Hiram Bingham, een wetenschapper van de Yale University, stuitte op de geïsoleerde plek toen hij in het Peruaanse deel van de Andes zocht naar de legendarische stad Vitcos, de laatste Incahoofdstad. Vanuit Ollantaytambo volgde hij een kort daarvoor door de Peruaanse overheid aangelegd pad naar wat hij in *National Geographic* omschreef als een 'prachtig ravijn. De bergtoppen aan beide kanten verhieven zich zo hoog dat veel ervan, ondanks het dichte tropische oerwoud dat het pad soms overwoekerde, waren bedekt met sneeuw.' De aanleg van het pad maakte het voor hem mogelijk om dit bijzondere ravijn te bereiken en om, met de hulp van een gids, de resten van Machu Picchu te vinden. 'Overal om ons heen verrezen de geweldige pieken van het Urubamba-ravijn, terwijl 600 meter onder ons het stromende water van de lawaaiige rivier, die

Links: *op comfortabele wijze reizen naar Machu Picchu: dit is de restauratiewagen van de Hiram Bingham van PeruRail.*

Boven: een dieselelektrische locomotief voor een trein van PeruRail op de lijn tussen Machu Picchu en Cusco.

een ruime bocht maakte, drie kanten van de bergkam beschermde (...) we bevonden ons midden in een tropisch oerwoud en onder de schaduwen van de bomen zagen we een doolhof van eeuwenoude muren (...)'

De smalspoorlijn naar Machu Picchu slingert vanuit Cusco in noordelijke richting en daalt vele honderden meters naar het Urubambaravijn. De lijn volgt de rivier de Urubamba en gaat op een veel lager niveau om de ruïnes heen. Vanuit de trein kunt u glimpen zien van de Incastad, maar de meeste passagiers worden bij het eindstation door een bus opgepikt en naar de stad gebracht.

Om een aantal haarspeldbochten te mijden, ligt het huidige smalspoorstation voor Cusco bij Poroy, ongeveer 13 kilometer naar het westen. Reizigers raden aan om per taxi of bus naar het station te rijden. De meeste treinen uit Poroy doen er drie uur en een kwartier over om Machu Picchu te bereiken, maar er zijn treinen die dichter bij de ruïnes vertrekken en er minder lang over doen. Zo duurt de treinreis van Ollantaytambo naar Machu Picchu minder dan anderhalf uur.

Vanwege de populariteit van deze reis hebben reizigers verschillende opties; twee bedrijven exploiteren treinen op deze lijn. PeruRail biedt drie verschillende klassen vanuit Poroy. De luxe *Hiram Bingham* is het duurst, inclusief vermaak en een rondleiding. De andere diensten – *Expedition* en *Vista Dome* – stoppen ook in Ollantaytambo. Inca Rail rijdt driemaal per dag met een moderne trein vanaf Ollantaytambo.

BOLIVIA
VAN POTOSÍ NAAR SUCRE
Omringd door de toppen van de Andes

BRIAN SOLOMON

Volgens Michael Walsh heeft geen land exotischere spoorlijnen dan Bolivia. Het spoornetwerk van Bolivia bestaat uit twee delen. Vanwege de lastige topografie en het dunbevolkte platteland is er geen fysieke verbinding tussen de lijnen in het oosten en in het westen. Voor bezoekers zijn de kronkelende lijnen in het bergachtige westen het interessantst. Daar liggen de spectaculairste landschappen van Zuid-Amerika.

Historisch gezien was Bolivia het land van de Inca's. Er heerste een hoogontwikkelde beschaving in de zestiende eeuw, toen de Spaanse invasie en de daaropvolgende kolonisatie plaatsvonden. In twee eeuwen van Spaanse heerschappij

werd de inheemse bevolking bijna volledig onderworpen. Begin achttiende eeuw vochten Zuid-Amerikaanse naties voor hun onafhankelijkheid. Bolivia is vernoemd naar Simón Bolívar, een held in de Zuid-Amerikaanse vrijheidsstrijd.

Het moderne Bolivia grenst in het noorden en oosten aan Brazilië, in het zuiden aan Paraguay, Argentinië en Chili, en in het westen aan Peru. Het is verdeeld in drie geografische regio's. Naar schatting drie vijfde wordt ingenomen door de laaggelegen regio Oriente (oosten). De centraal gelegen bergvalleiregio en de Altiplano (hoog plateau) in het oosten kennen de indrukwekkendste landschappen; het grootste deel van de bevolking leeft in de hooggelegen steden in het oosten. De toppen van het vulkanische Andesgebergte steken tot wel 6400 meter boven zeeniveau uit en er zijn bergpassen op 4000 meter hoogte, waarmee dit een van de hoogstgelegen bewoonde gebieden ter wereld is. De Boliviaanse bevolking heeft deze hogergelegen gebieden waarschijnlijk opgezocht uit angst voor ziekten en epidemieën in de vochtige laaglanden in het westen. De mijnen in Altiplano zorgen voor werkgelegenheid, en de relatieve nabijheid van minerale rijkdommen ten opzichte van havens aan de Grote Oceaan in Peru en Chili heeft bijgedragen aan de ontwikkeling van het westelijke spoornetwerk.

Ondanks de minerale rijkdommen was Bolivia halverwege de twintigste eeuw

Onder: sommige reizen in Bolivia zijn avontuurlijker dan andere, maar als er nooit iets ongewoons zou gebeuren, waren er ook geen verhalen te vertellen.

Volgende bladzijden: Empresa Ferroviaria Andina exploiteert een railbus (buscarril) op de weinig gebruikte lijn tussen Potosí en Sucre.

een van de armste Zuid-Amerikaanse landen, met een abnormaal korte levensverwachting, en nog altijd heerst er grote armoede. Halverwege de jaren zestig van de vorige eeuw vond in Bolivia een socialistische revolutie plaats onder leiding van Che Guevara, die hier in oktober 1967 werd geëxecuteerd.

De schilderachtige spoorlijn van Potosí naar Sucre verbindt het historische zilvermijngebied rond Potosí met Bolivia's hoofdstad uit de koloniale tijd. Potosí is een van 's werelds hoogstgelegen steden, gelegen op een open plateau in de Andes op ruim 4175 meter boven zeeniveau. De stad floreerde in de Spaanse koloniale tijd dankzij de rijkdommen uit de mijnen. Halverwege de zeventiende eeuw telde de stad meer dan 160.000 inwoners, van wie nog maar een fractie over was toen Bolivia in 1825 onafhankelijk werd. De laatste vijftig jaar is de stad gegroeid en het bevolkingsaantal komt weer in de buurt van het oude cijfer.

De Andesspoorwegmaatschappij van Bolivia, Empresa Ferroviaria Andina (FCA), exploiteert een reguliere driewekelijkse passagiersdienst met een moderne railbus, die op dinsdag, donderdag en zaterdag om 8.00 uur uit Potosí vertrekt, en op maandag, woensdag en vrijdag terugkeert. Het duurt zes uur om de afstand van 172 kilometer in een rustig tempo af te leggen. Er loopt een spoorlijn van Potosí in westelijke richting naar een kruising met de noord-zuidlijn van de FCA (van Villazón via Uyuni naar Guaqui, zie de volgende bladzijden) bij Rio Mulatos, maar daar rijden geen reguliere passagierstreinen.

Het station van Potosí is een groot, traditioneel bouwwerk. Vlakbij staat een grotendeels ongebruikte locomotiefstalling. Potosí wordt omringd door bergtoppen en het uitzicht is aan alle kanten verbluffend mooi als de lijn zich over het hoge plateau slingert. Stukken vruchtbare grond worden onderbroken door enorme, kale bergflanken. De spoorlijn volgt de daling van de bergen vanaf de Altiplano en het landschap is onvergetelijk; de spoorlijn is op knappe wijze in het onherbergzame landschap ingepast. Hier en daar liggen dorpen, maar de trein maakt relatief weinig stops. Toch gebruikt de lokale bevolking de trein om plekken te bereiken die via de weg ontoegankelijk zijn, en dat maakt de reis intrigerend; hoeveel bewoonde plekken op aarde zijn nog niet aangesloten op een verharde weg?

Sucre, in een schitterende vallei op 2600 meter boven zeeniveau, werd in de zestiende eeuw gebouwd en staat bekend als de Stad van Vier Namen, dankzij de eerdere namen Charcas, Chuquisaca en La Plata. De stad dankt veel van zijn moderne welvaart aan de spoorlijn, die zijn ontwikkeling tot regionaal industrieel centrum mogelijk maakte. De spoorlijn eindigt in El Tajar, een buitenwijk van Sucre; de dienst voor de laatste 3 kilometer naar Sucre zelf is opgeheven. Michael Walsh vertelt dat Bolivianen 'vriendelijke, behulpzame mensen' zijn, maar waarschuwt dat reizigers voorzichtig moeten zijn, vooral in steden.

ORURO-UYUNI-VILLAZÓN
Naar de Argentijnse grens

BRIAN SOLOMON

Het westen van Bolivia wordt doorsneden door een noord-zuidlijn van de Empresa Ferroviaria Andina (FCA). Deze loopt van de Peruaanse grens, gevormd door het Titicacameer bij Guaqui, via El Alto (vlak bij La Paz), Oruro, Rio Mulatos en Uyuni zuidwaarts naar Villazón aan de Argentijnse grens (zie kaart op blz. 122). Het is een van de schitterendste bergreizen ter wereld.

Sinds 2015 vermeldt de dienstregeling van de FCA dat de complete treinreis van Guaqui naar Villazón niet mogelijk is vanwege een onderbreking in de lijn tussen Oruro en El Alto. Er is wel een toeristendienst van El Alto naar Guaqui. Onder de vaste FCA-treinen tussen Oruro en Villazón zijn de *El tren Wara Wara de Sur* en de minder vaak stoppende *Expreso del Sur*, die in 2015 beide tweemaal per week reden.

De afgelopen jaren is Uyuni uitgegroeid tot een populair begin- of eindpunt van deze schitterende reis. Dit is een knooppunt op de noord-zuidlijn, vanwaar een lijn naar de Chileense grens bij Ollagüe in het westen loopt (met passagiersdiensten tot Abaroa, maar niet over de grens). De belangrijkste attractie is het beroemde kerkhof, waar tientallen stoomlocomotieven staan weg te roesten op een prachtige plek, met de Andes als achtergrond.

Ook mensen op doorreis moeten in Uyuni uitstappen om de locomotieven te zien, al is de stad geen beste plek: de versleten uitstraling is kenmerkend voor afgelegen Zuid-Amerikaanse nederzettingen. Het station is relatief klein, maar ligt in een mooie omgeving. Doorgaande treinen naar het zuiden passeren de plaats overigens 's nachts.

Volgens de dienstregeling komt de *El tren Wara Wara de Sur* rond zonsopkomst in Atocha aan, waardoor passagiers een van de mooiste delen van de route in daglicht kunnen beleven. Atocha ligt 90 kilometer ten zuiden van Uyuni; deze mijnstad aan een rivier doet denken aan een klassiek mijnwerkerskamp aan de oude smalspoorlijn van Colorado van zeventig tot honderd jaar geleden. Ten zuiden van

Boven: het stoomlocomotiefkerkhof in Uyuni is een populaire attractie voor spoorliefhebbers. Hier staan de resten van locomotieven die ooit over de lijn reden. Tegenwoordig worden de meeste treinen voortgetrokken door dieselelektrische locomotieven, maar halverwege de jaren negentig zette de spoorwegmaatschappij weer enkele stoomlocomotieven in om aan de vervoersvraag te voldoen.

Atocha daalt de lijn door een spectaculaire bergvallei met duizelingwekkend natuurschoon en vreemde pieken van verweerd gesteente met cactussen, waar lama's tegen de berghellingen op lopen.

Tupiza is de volgende belangrijke halte, tweeënhalf tot drie uur ten zuiden van Atocha. Dit aangename, afgelegen bergstadje is een tussenstop waard.

Het eindpunt is Villazón, 3447 meter boven zeeniveau. De spoorlijn ging ooit de grens over naar de Argentijnse stad La Quiaca. Hoewel de Argentijnse grens in theorie op loopafstand ligt, kan de uitzonderlijk hoge ligging zelfs een korte wandeling zwaar maken, dus kunt u beter voor gemak kiezen.

El tren Wara Wara de Sur biedt drie klassen: exclusief, eerste klas en standaard. De *Expreso del Sur* telt twee klassen. De treinen worden voortgetrokken door in Japan gebouwde diesellocomotieven. In het seizoen is er veel ruimte voor passagiers, aangezien dit een populaire route is.

Onder: *ten zuiden van Atocha passeert de spoorlijn een bijzonder ruig landschap op de kronkelige, 96 kilometer lange route naar Tupiza.*

ECUADOR
AVONTUREN OP DE LIJN GUAYAQUIL-QUITO
Uitzonderlijk ingenieurschap

BRIAN SOLOMON

Ecuador heeft een landoppervlak van 274.545 vierkante kilometer. Het vasteland spreidt zich uit over het Andesgebergte en wordt van oost naar west doorsneden door de evenaar, waaraan het land zijn naam dankt. Ecuador heeft gezien zijn omvang relatief weinig spoorlijnen aangelegd, vanwege het bergachtige landschap en omdat de bevolking grotendeels op het platteland leeft, maar beschikt wel over een van de lastigste en mooiste spoorlijnen ter wereld. De 1067 millimeter brede lijn legt 281 kilometer af van de havenstad Guayaquil naar de in het binnenland gelegen hoofdstad Quito. Verder zijn er een lijn van Sibambe naar Azogues en Cuenca in het zuiden, en een route die vanaf Quito 373 kilometer in noordnoordwestelijke richting naar de havenstad San Lorenzo loopt.

De hoofdlijn is beroemd om zijn knappe constructie. De spoorlijn werd begin twintigste eeuw aangelegd op onwaarschijnlijke plekken op abnormale hoogten. Hij staat vooral bekend om de zigzag, waarbij de trein een kort stuk spoor op rijdt en dan achteruit verder rijdt op een ander stuk spoor, om snel hoogte te winnen op plaatsen waar geen doorgaande lijn kan worden aangelegd, tegen de bergkam die Nariz del Diablo ('Duivelsneus') wordt genoemd. De helling is hier maar liefst 5,5 procent, een ware beproeving voor de adhesie van de wielen op het spoor. Bij Palmira, op 166 kilometer van eindstation Durán bij Guayaquil, bedwingt de lijn een bergtop van 3238 meter boven zeeniveau, en de lijn blijft kilometers lang boven de 2500 meter, waardoor dit een van 's werelds hoogstgelegen spoorlijnen is. Hij klimt verder naar een hoge top bij Urbina, op 3609 meter boven zeeniveau.

Aan het einde van de vorige eeuw kampten de Ecuadoraanse spoorwegen met nadelige gebeurtenissen. In 1983 spoelden delen van de hoofdlijn Guayaquil-Quito weg, waardoor geen doorgaande dienst meer mogelijk was. Andere lijnen werden om economische redenen gesloten of beperkt. Op het moment is Ecuador echter het lichtpunt van de Zuid-Amerikaanse spoorlijnen. Op een continent waar de afgelopen decennia veel lijnen zijn gesloten, heeft Ecuador de trend omgekeerd. Dankzij recente investeringen zijn routes heropend en er zijn reguliere toeristentreinen op belangrijke spoorlijnen bij gekomen. De Ferrocarriles del Ecuador (de Ecuadoraanse spoorwegmaatschappij) heeft als missie om 'het spoorstelsel op effectieve wijze te beheren en exploiteren om een bijdrage te leveren aan de

sociaal-economische ontwikkeling van Ecuador door het aanmoedigen van toerisme en de waardering van het historische erfgoed als een sociale verantwoordelijkheid.' Sporen zijn verbeterd en hersteld, en de spoorwegen spelen inderdaad een belangrijke rol in het toerisme.

Onder de treindiensten zijn reguliere toeristentreinen, die rondreizen maken met tussendoor culturele uitstapjes. Voorbeelden zijn de *Tren de la Libertad*, een 30 kilometer lange rit van Ibarra naar Salinas ten noorden van Quito over de oude lijn naar San Lorenzo – een van de weinige delen van het Ecuadoraanse spoorwegennet met een dienst ten noorden van de evenaar – en de *Tren de los Volcanoes*, een 59 kilometer lange enkele reis van Chimacalle (bij Quito) zuidwaarts naar Machachi en El Boliche. De trein rijdt in beide richtingen, maar toeristen worden aangemoedigd de bus terug te nemen. De *Tren de la Dulzura* rijdt op het zuidelijkste deel van het spoornet, 88 kilometer over de kustvlakte van Durán (aan de overkant van de rivier vanuit Guayaquil) naar Bucay, met een terugreis per bus.

Vorige bladzijde: de Tren Crucero van de Ferrocarriles del Ecuador (de Ecuadoraanse spoorwegen) beklimt een helling in de Andes op de route vanuit Riobamba achter de opgeknapte stoomlocomotief 53, een door Baldwin gebouwde 2-8-0.

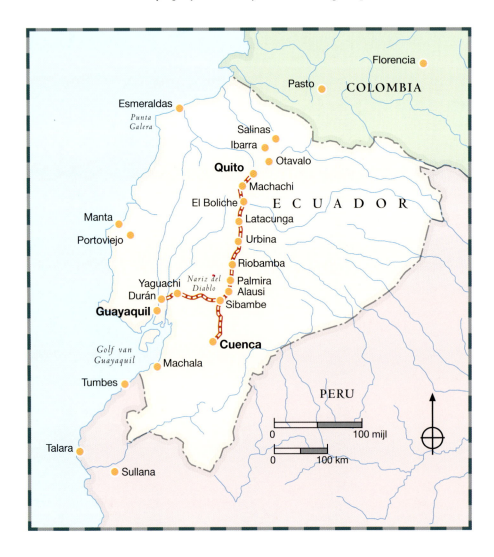

Links: *de Ferrocarriles del Ecuador staat bekend om de steile afdaling bij de Nariz del Diablo (Duivelsneus). Reizigers kijken naar een lagergelegen lus in het spoor, waar de lijn een zigzagbeweging maakt. Over een paar minuten zullen ze daar zijn.*

Onder: *tijdens een fotostop kijken de passagiers terug naar de beroemde Nariz del Diablo (Duivelsneus), een van de herkenbaarste spoorwegmonumenten in Zuid-Amerika.*

De spectaculairste dagtocht is de treinrit naar de Duivelsneus, die maximaal drie keer per dag van Alausi naar Sibambe en terug wordt gemaakt. U maakt kennis met het verpletterende berglandschap van de Andes en de steile klim van de spoorlijn, die via bochten en zigzagstukken de steile berghelling op gaat.

De volledige route van Quito naar Guayaquil werd in 2013-2014 heropend, na jaren van ingekorte ritten doordat het hooggelegen deel tussen Alausi en Palmira afgesloten was. U kunt dus weer over deze route rijden, met de luxe *Tren Crucero* (toertrein), die de route in een spectaculaire vierdaagse reis aflegt. De combinatie van de uitzonderlijke hoogte op grote delen van de lijn, die jarenlang ontoegankelijk was voor toeristen in comfortabele passagiersrijtuigen, een naar achteren uitkijkend observatierijtuig en de opgeknapte stoomlocomotieven die de trein op delen van de reis voorttrekken, maakt dit tot een hoogtepunt van de Zuid-Amerikaanse treinreizen.

Hiernaast: een van de hoogtepunten van de Tren Crucero *is de Avenue der vulkanen, die langs een groot aantal vulkanen voert, waarvan zeker één actief is.*

Onder: passagiers van de Tren Crucero *reizen comfortabel en kunnen gebruikmaken van verschillende diensten. Elk rijtuig is op unieke wijze rond een historisch thema ingericht.*

DE DUIVELSNEUS IN ANDERE TIJDEN

Al bestaan ze uit historisch materieel, toch bieden moderne toeristentreinen een heel andere belevenis dan in de jaren voordat de spoorlijn gedeeltelijk werd afgesloten. Michael Walsh omschreef zijn reis van Guayaquil naar het noorden als een kuiertocht, met snelheden die nooit boven 32 kilometer per uur uitkwamen. Ze begonnen met de oversteek van de kustvlakte naar Bucay aan de voet van de Andes, waar ze overnachtten in een weinig chique accommodatie. De volgende dag begonnen ze aan de steile klim rond de Duivelsneus. In Sibambe stapten ze over op een nevenlijn, waarna ze de fraaie route zuidwaarts naar Cuenca aflegden. 'Er waren veel ontsporingen, maar het was nooit ernstig. Het verbaasde me hoe snel de treinbemanning onze locomotief weer op het spoor had. Eén keer stonden we misschien twee minuten op de grond voordat de bemanning ons met behulp van krikken weer op de rails had. Het was indrukwekkend. Ik vermoed dat dit soort ontsporingen nu minder vaak voorkomen.'

Tim Doherty, die in 1981 met zijn gezin de rit ten zuiden van Quito maakte, beschrijft de ervaring als volgt: 'We zaten boven op de rijtuigen. Toen we van de Duivelsneus omlaag kwamen, begon het te stortregenen. We schuilden onder zeildoeken om droog te blijven. Onder aan de Duivelsneus vestigde de bemanning onze aandacht op een schitterend uitzicht, de lijn die zich als een lange raaklijn uitstrekt naar de kust.' (In Ecuador zijn plekken in de bergen, met name op de wegen, waar de reiziger vanaf een hoogte van honderden meters kan neerkijken op de kustvlakte. In de meeste andere landen aan de Zuid-Amerikaanse westkust klimmen de wegen en spoorlijnen de bergen in via smalle valleien met weinig uitzicht.) Terugdenkend merkt Doherty op: 'Het was waarschijnlijk het gevaarlijkste wat ik ooit heb gedaan, maar zo voelde het toen niet.'

ZIMBABWE
DE VICTORIA FALLS STEAM TRAIN COMPANY
Een reis die anders is dan alle andere

DAVID BOWDEN

Wie de machtige 'Musi-oa-Tunya' of 'Rook die dondert' (de lokale naam van de Victoriawatervallen) bezoekt, moet een levendige fantasie hebben om zich voor te stellen dat hier ooit een groots spoornetwerk lag. De spectaculaire watervallen trekken nog altijd reizigers, maar die arriveren meestal op de internationale luchthaven Victoria Falls. Er rijden treinen van de National Railways of Zimbabwe naar Bulawayo en verder naar Harare, maar die zijn langzaam en hebben vaak vertraging.

In vroeger tijden verbleven reizigers naar de watervallen in het Victoria Falls Hotel – aanvankelijk een eenvoudig bouwwerk, nu een van de meest majestueuze hotels van heel Afrika, met een vrij uitzicht op de Victoria Falls Bridge. De National Railways of Zimbabwe heeft nog een aandeel in het hotel, en daarom moeten spoorliefhebbers er zeker eten of logeren. Stanley's Terrace in het hotel heeft vrij

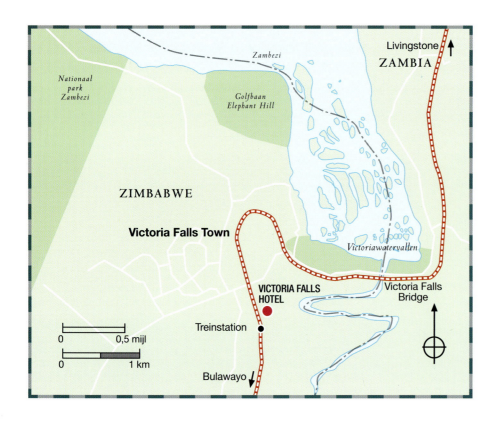

zicht op de spoor- en verkeersbrug over de Zambezi, die leidt naar Livingstone in Zambia. Gasten van het Victoria Falls Hotel werden vroeger door kruiers gedragen en met een trolley naar de watervallen gebracht. Deze service werd in 1920 in het leven geroepen en in 1957 afgeschaft, maar er zijn plannen om hem weer in te stellen.

De oorspronkelijke spoorlijn liep pal voor het terras langs, maar werd in 1909 verlegd naar de voorzijde van het hotel, nadat hij in een overstroming was weggespoeld. Station Victoria Falls ligt enkele meters van de statige ingang en is de plek waar de dagelijkse nachttrein uit Bulawayo aankomt aan het einde van de 472 kilometer lange reis.

In het verleden was een spoorreis naar de 108 meter hoge watervallen in de Zambezi een groot avontuur, dat nieuwsgierige lieden met voldoende middelen ertoe bracht om af te reizen naar het geïsoleerde toenmalige Zuid-Rhodesië (nu Zimbabwe). De spoorlijn bereikte de watervallen in 1904 en de reis met de *Pride of Africa* groeide uit tot een van de opwindendste spooravonturen ter wereld. De Victoriawatervallen waren een belangrijke tussenstop op de spoorlijn die van Kaapstad naar Caïro zou moeten gaan lopen (een plan dat nooit werd gerealiseerd). De *Pride of Africa* rijdt nog steeds, geëxploiteerd door Rovos Rail, dat een reis van vier

Boven: *een hoogtepunt is de rit over de beroemde Victoria Falls Bridge tussen Zimbabwe en Zambia, waar u de uitgestrektheid van de majestueuze Victoriawatervallen kunt bewonderen.*

dagen en drie nachten aanbiedt, die begint in Pretoria en via Botswana en Nationaal park Hwange in Zimbabwe op de vierde dag de Victoriawatervallen bereikt. De reis kan ook in tegengestelde richting worden gemaakt. Een veertiendaagse excursie die begint in Kaapstad en eindigt in Dar es Salaam in Tanzania, maakt ook een stop bij de Victoriawatervallen.

De Victoria Falls Steam Train Company

De Victoria Falls Steam Train Company biedt vanuit station Victoria Falls verschillende toeristische treinreizen aan. Met stoomtrein nummer 512 en vijf gedeeltelijk gerestaureerde oude rijtuigen brengt het bedrijf passagiers via de Victoria Falls Bridge naar Nationaal park Zambezi, in samenwerking met de National Railways of Zimbabwe en Zambia Railways. De reis is deels hetzelfde als een reis die vanaf 1910 vele jaren lang elk weekend werd gemaakt; 'The Weekender' bracht passagiers van Livingstone in Zambia naar de Victoriawatervallen en terug.

Trein 512 is een klasse-14A Garratt, in 1953 ontworpen en gebouwd door Beyer Peacock in Manchester, Engeland. Het is een van de 246 Garratt-stoomlocomotieven die ooit in Zimbabwe rondreden. Hij trekt vijf rijtuigen, waaronder bagagewagen 264, met nog altijd de originele kluis waarin post en waardevolle spullen werden opgeborgen. Het rijtuig is omgebouwd tot het Zambezi Lagerbarrijtuig, dat vooral populair is tijdens de Zambezi Lager Party Express. De andere rijtuigen zijn Diner 680, een restauratiewagen met 24 zitplaatsen die in 1905 in Lancashire is gebouwd, Diner 660, eenzelfde rijtuig als Diner 680, maar met 40 zitplaatsen en in de oorspronkelijke staat, Lounge 4096, een 37 zitplaatsen tellend rijtuig dat in Gloucester is gebouwd en bedoeld was voor derdeklaspassagiers, maar in 2000 is verbouwd tot een statiger vervoermiddel, en Lounge 4108, die hetzelfde is als Lounge 4096, maar plaats biedt aan 43 passagiers. Deze weelderige, vooroorlogse treinstellen zien eruit als museumstukken uit een vergeten tijd. Er worden pogingen ondernomen om de binnen- en buitenkant van al deze rijtuigen op te knappen.

De verschillende diensten variëren van privécharters tot de populaire brugrit bij zonsondergang. De meeste reizen steken de Victoria Falls Bridge over naar Nationaal park Zambezi in Zambia. Bij alle reizen zijn eten en drinken inbegrepen, zoals hapjes en mousserende wijn of Zambezibier, en uitgebreidere maaltijden. De twee uur durende brugrit bij zonsondergang voert over de brug terwijl de

Onder: het interieur van de rijtuigen herinnert aan een voorbije tijd, maar de hele trein moet nodig worden opgeknapt.

Boven: *trein 512 van de Victoria Falls Steam Train Company is een klasse-14A Garratt, die in 1953 werd gebouwd door Beyer Peacock.*

zon ondergaat, en eindigt in het natuurpark. Passagiers mogen op de brug uitstappen, maar kunnen ook in de historische rijtuigen blijven zitten. Deze reis is een van de beste manieren ter wereld om te genieten van het traditionele drankje aan het einde van de dag.

De Zambezi Lager Party Express gaat gepaard met een onbeperkte consumptie van een van Zimbabwes favoriete dranken. Men zegt dat er geen betere plaats is om van een ijskoud Zambezibiertje te genieten dan op de Victoria Falls Bridge boven de Zambezi, die door de diepe kloof onder de watervallen kolkt. Afrikaanse *boma*-tochten en diner-bij-maanlichttours zijn populair onder groepen. De trein maakt de standaardbrugrit bij zonsondergang, maar maakt een lange stop in het Nationaal park, waar een uitgebreid driegangendiner onder de sterrenhemel wordt geserveerd. In de winter, als het 's avonds kil kan zijn, verwarmen enorme kampvuren het eetgedeelte, of worden de maaltijden in de trein geserveerd. Ook themadiners met Afrikaanse dansers zijn mogelijk.

De nostalgische reizen van de Victoria Falls Steam Train Company bieden de kans een tijdperk te herbeleven dat van groot belang was voor het toerisme in de stad Victoria Falls.

KENIA
VAN MOMBASA NAAR NAIROBI
Over gekken en leeuwen

BRIAN SOLOMON

Stap bij zonsondergang in de duizend jaar oude havenstad Mombasa aan de Indische Oceaan in een trein en rijd westwaarts de duisternis in, over een lijn die bekendstaat om gekken en mensenetende leeuwen.

De hoofdstad Nairobi groeide eind negentiende eeuw uit tot spoorwegcentrum. Nicholas Faith citeert in zijn *The World The Railways Made* een Keniaanse gouverneur: 'De spoorlijn is het begin van alle geschiedenis in Kenia. Zonder zou er geen geschiedenis in Kenia zijn.'

De belangrijkste spoorlijn van Kenia werd door Britse kolonisten aangelegd als de Uganda Railway om de haven van Mombasa te verbinden met het Victoriameer. De bouw begon in 1896 en in 1903 liep het spoor al tot Nairobi. De lijn werd wereldberoemd dankzij twee verhalen, die meer dan een eeuw lang aandacht en bezoekers trokken.

Toen Britse planners tot het hart van Afrika wilden doordringen door een

spoorlijn aan te leggen in ruig, grotendeels onbekend terrein, bevolkt door wilde dieren en malariamuggen, werden ze door hun landgenoten in Londen voor gek verklaard. Tegenstanders noemden de lijn geringschattend de 'Lunatic Line'. Toch werd de lijn aangelegd, en hij wordt nog altijd gebruikt. Ondanks het succes is de naam blijven hangen. In de jaren zeventig van de vorige eeuw werd hij opgerakeld toen auteur Charles Miller zijn populaire boek over kolonialisme en de aanleg van spoorlijnen in Oost-Afrika de titel *Lunatic Express* gaf. Net zo suggestief was kolonel J.H. Petersons *The Man-eaters of Tsavo* uit 1908, over de beproevingen tijdens de aanleg van de lijn. Hij verhaalt over twee leeuwen die 28 Indiase spoorarbeiders verslonden.

Boven: *locomotief 2401 van de Kenya-Uganda Railway is een type-4-8-0. Deze trein is te zien in het Nairobi Railway Museum. Soortgelijke locomotieven worden de laatste jaren voor excursietreinen gebruikt.*

Dit legendarische traject is nog altijd een van de weinige lijnen in Afrika met een reguliere slaaptreindienst. Van het einde van de Eerste Wereldoorlog tot ver in de twintigste eeuw werden de Keniaanse spoorwegen geëxploiteerd als onderdeel van de Britse koloniale East African Railways (EAR), die Kenia, Tanzania (dat voor de samenvoeging met Zanzibar Tanganyika werd genoemd) en Oeganda bestreken.

In 1977 werd de EAR opgeheven en nam Kenyan Railways het over. Dit ging gepaard met een algemene afname in passagiersdiensten, waardoor de rit van Mombasa naar Nairobi een symbool werd voor de afnemende rol van Europa in Afrika. De oude treinen, met alle attributen voor stijlvol reizen, waaronder porselein in de restauratiewagen, geüniformeerd personeel en privéslaapcoupés, werden oud, sjofel en in sommige gevallen gevaarlijk. De angst voor diefstal in de trein, ontsporingen en vertraging ontmoedigde sommige passagiers; voor anderen hoorde dat juist bij het avontuur.

Halverwege de jaren negentig stonden verlaten Britse Garratt-stoomlocomotieven – ooit kenmerkend voor veel Afrikaanse spoorwegen – op rangeersporen en eindpunten langs de spoorlijn. Ze waren vervangen door dieseltreinen. Net als de in verval geraakte passagierstreinen lijkt het verval van deze locomotieven symbolisch te zijn voor de veranderingen in de voormalige Afrikaanse kolonies.

Sinds 2006 exploiteert de Rift Valley Railways (RVR) de historische treinroute naar het Victoriameer; in 2013 exploiteerde de maatschappij 2541 kilometer spoorlijn in Kenia en Oeganda. Het voornaamste doel van de RVR is het ontwikkelen van goederenvervoer op de lijnen, maar er zijn ook beperkte passagiersdiensten, waaronder interlokale treinen rond Nairobi en de beroemde slaaptrein tussen Mombasa en Nairobi.

De slaaptrein legt drie nachten per week de 530 kilometer in beide richtingen af, met op dinsdag, donderdag en zondag vertrek vanuit Mombasa, en op maandag, woensdag en vrijdag vanuit Nairobi. In navolging van de Britse victoriaanse treindiensten zijn drie klassen beschikbaar. De eerste en tweede klasse bieden accommodatie in een slaapwagon, de derde klasse is een aanzienlijk goedkopere ervaring in een gewoon rijtuig. Veel westerse reizigers, onder wie vaak alleenreizende avonturiers en stelletjes, kiezen voor de eerste klasse; de derde klasse lijkt te zijn voorbehouden aan de lokale bevolking.

De eeuwenoude havenstad Mombasa is gevormd door meer dan een millennium van handel. Het was een logische plek om een treinstation te bouwen. Het moderne station ligt slechts een paar meter boven zeeniveau. Het is een spartaans, maar functioneel gebouw met een duidelijk Engels stempel.

In 2015 vertrok de nachttrein naar Nairobi volgens de dienstregeling om 19.00 uur. De zon gaat rond de evenaar snel onder: iedereen gaat in de schemering aan boord, maar het licht verdwijnt zodra de trein wegrijdt.

De trein rijdt heuvelopwaarts weg van de Indische Oceaan. De lijn beklimt zigzaggend de steilte boven Mombasa. Terwijl de trein door de Afrikaanse nacht dendert, wordt de betovering van het onbekende versterkt door de duisternis. De verhalen over een leeuw die in de afgelopen eeuw op treinpersoneel joeg, worden plotseling levensecht. Turend in de duisternis vangen reizigers misschien een glimp op van wilde dieren in de verte, aangezien de lijn 's nachts door het beroemde safaripark Tsavo gaat.

Het is verstandig om zo vroeg mogelijk naar de restauratiewagen te gaan. De bedden worden door het personeel opgemaakt en als u terugkeert, zijn de coupés gereed voor een voortrollende nachtrust. De kwaliteit van die rust verschilt per passagier, maar de trein rijdt met zo'n slakkengang dat iedereen vanzelf in slaap wordt gewiegd. Als de trein midden in de nacht knarsend tot stilstand komt, is dat waarschijnlijk om een treffen met een tegemoetkomende goederentrein te voorkomen. De RVR heeft een modern *positive train control*-systeem, dat gebruikmaakt van computer- en gps-technologieën om de bediening en veiligheid te verbeteren.

De zonsopkomst is het hoogtepunt van de reis. Meer dan twee derde van de route zit erop als de eerste gouden zonnestralen het landschap verlichten. Op de savanne kunt u vanuit de trein giraffen, zebra's, ibissen, struisvogels en andere wilde dieren zien. Op heldere dagen doemt in de verte de Kilimanjaro op.

Nairobi is een groot contrast vergeleken bij Mombasa. De eerder geciteerde Keniaanse gouverneur had het wat betreft Nairobi bij het juiste eind: voor de spoorlijn was hier geen stad. In de buitenwijken passeert de trein kilometers smerige industriegebieden en sloppenwijken. De stad ligt op meer dan anderhalve kilometer hoogte en het centrum is modern en kosmopolitisch, met hoge wolkenkrabbers en glazen gebouwen.

De steden zijn compleet verschillend, maar u moet niet verwachten dat u om 10.00 uur aankomt in een station als St Pancras. Het station van Nairobi is drukker dan het standaardstation van Mombasa, en kan het best worden omschreven als een overblijfsel van het kolonialisme. Hier hoort u meer dan tien verschillende talen, zoals inheemse als Europese. Nairobi is een toeristisch centrum, dat vaak dient als vertrekpunt voor safari's.

Een attractie voor spoorliefhebbers is het Nairobi Railway Museum. Dit werd in 1971 door de East African Railways geopend en bevat een collectie historisch materieel, waaronder twee overgebleven Garratt-locomotieven, waarvan eentje sinds een aantal jaar wordt gebruikt voor excursies. Het is in de buurt van het station en bijna elke dag geopend.

De spoorlijn loopt door naar de grens met Oeganda en voorbij het Victoriameer, maar de rails worden alleen nog opgepoetst door goederentreinen, die het grootste deel van de RVR uitmaken.

Onder: de locomotiefhal in Nairobi in de tijd van de overgang van stoom- op dieseltreinen. Tot halverwege de jaren negentig stonden afgedankte Britse Garratts-stoomlocomotieven op rangeersporen in Kenia.

AUSTRALIË
VAN PERTH DE HEUVELS IN MET DE HOTHAM VALLEY TOURIST RAILWAY
De enige stoomspoorlijn van West-Australië

BRIAN SOLOMON

Eind negentiende en begin twintigste eeuw ontwikkelde Western Australia Government Railways (WAGR) een netwerk van 1067 millimeter brede spoorlijnen, die zich uitstrekten vanaf Perth naar het noorden, westen en zuiden. De route van East Perth naar Bunbury in het zuiden ontsloot in 1883 de plaats Pinjarra. In 1910 werd een nevenlijn door de Hothamvallei aangelegd, die liep van Pinjarra in oostelijke richting naar Dwellingup, en in het daaropvolgende decennium via de Darling Range werd uitgebreid naar Dwarda. Deze nevenlijn bediende de bosbouwindustrie, die werd gevoed door een netwerk van lichte smalspoorlijnen naar de fabrieken rond Dwellingup. De bosbouw in de regio nam af in de jaren

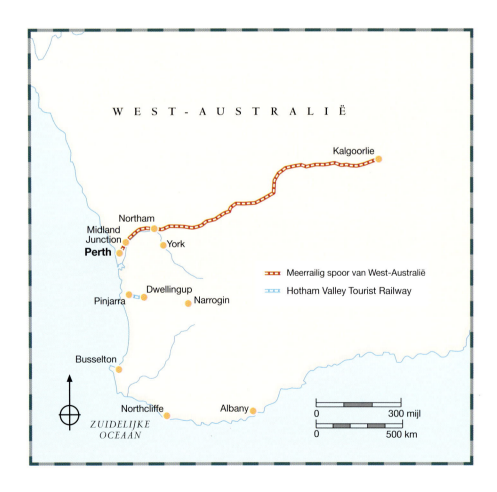

Boven: *onder de pronkstukken van de Hotham Valley Tourist Railway zijn vier type-W 4-8-2 Mountain-locomotieven, zoals stoomlocomotief nummer 945. Deze locomotieven werden ontworpen voor lichte nevenlijndiensten en in de vroege jaren vijftig in Engeland gebouwd door Beyer Peacock voor de Western Australia Government Railways.*

vijftig. Een vreselijke bosbrand in 1961 was een ramp voor Dwellingup: een groot deel van de stad werd verwoest en er kwam een einde aan veel activiteiten in het gebied. De lijn werd tot 1984 beperkt gebruikt voor goederenvervoer.

In 1974 luidden lokale pogingen om de spoorlijn rond Dwellingup te behouden het begin in van de huidige Hotham Valley Tourist Railway. Deze organisatie werkte samen met de WAGR om de steile lijn ten oosten van Pinjarra te behouden en verzamelde een aantal historische stoom- en diesellocomotieven. Sinds op de lijn type-W 4-8-2 Mountain-locomotieven voor gemengd vervoer (goederen en passagiers) rijden, zijn vier van deze machines aangekocht en opgeknapt door de spoorwegmaatschappij. Daarnaast worden waardevolle dieselelektrische locomotieven in bedrijf gehouden of gerestaureerd. Voor wie geïnteresseerd is in oud materieel, is er genoeg te zien rond Dwellingup.

De Hotham Valley exploiteert twee belangrijke routes vanuit de thuisbasis in Dwellingup. De populaire Steam Rangertochten vinden plaats in de Australische winter tussen mei en oktober; vanwege de constante dreiging van bosbranden tussen november en begin mei is het gebruik van stoomlocomotieven in die periode beperkt. Buiten het seizoen rijden dieseltreinen op de lijn. Excursietreinen rijden westwaarts vanaf het heuvelland bij Dwellingup en dalen af naar Pinjarra op de kustvlakte, waarbij de tender voor de locomotief zit. Op het moment van schrijven rijden excursietreinen niet helemaal door naar Pinjarra, maar slechts tot Isandra Siding, 10 kilometer naar het oosten. Daar wordt de locomotief naar de andere kant van de trein verplaatst. Het echte schouwspel is de dramatische klim naar Dwellingup, een afstand van 14 kilometer. Als de trein hoogte wint, ziet u kangoeroes op hun achterpoten het struikgewas in springen, vaak in groepen van vijf of meer dieren. Afhankelijk van de tijd van het jaar zijn gecontroleerde bosbranden te zien. Deze produceren kolkende rookwolken, die in combinatie met de stoomlocomotief en de beweging van de trein een surrealistische ervaring opleveren. Elders is de reis een aromatische belevenis, dankzij de geurige eucalyptusbomen.

In Dwellingup begint ook de Forest Tramwayroute, die de lijn naar Etmilyn in het oosten volgt. Het spoor is veel lichter dan in de afdaling naar de kustvlakte. De excursies worden aangedreven door stoom- of diesellocomotieven en duren ongeveer anderhalf uur, inclusief tijd voor een natuurwandeling aan het einde van de lijn.

Er is geen directe spoorwegverbinding voor passagiers met de Hotham Valley Tourist Railway, maar Transwa (de spoorexploitant van West-Australië) heeft reguliere doorgaande passagiersdiensten van Perth naar Bunbury die in Pinjarra stoppen.

Onder: diesellocomotief V4 in Dwellingup, met de trein van de Forest Railway naar Etmilyn. Het spoor van de Forest Railway wedijvert met de lichte, industriële tramlijnen, die ooit werden gebruikt voor de houtfabrieken in de Darling Range. De V-klasse was niet bedoeld voor West-Australië, maar werd eind jaren veertig van de vorige eeuw gebruikt ter vervanging van de stoomlocomotieven in Tasmanië.

Boven: *type-W 4-8-2 nummer 920 van de Hotham Valley Tourist Railway is vernoemd naar Pinjarra, het knooppunt aan het westelijke uiteinde van de lijn. De locomotief is opgestookt en staat klaar om te vertrekken voor een bijzondere excursie.*

Links: *het hoogtepunt van de Hotham Valleyrit is de klim achter de stoomlocomotief van de kustvlakte naar Dwellingup. Hier moeten de locomotieven hard werken om hoogte te winnen, wat leidt tot het karakteristieke geluid uit de uitlaatpijp.*

HET MEERRAILIGE SPOOR VAN WEST-AUSTRALIË
Het breedteprobleem en exotische spooroplossingen

BRIAN SOLOMON

Hoe breed moet het spoor zijn? Deze vraag bezorgt spoorbouwers al sinds de opkomst van het treinreizen hoofdbrekens. De Britse spoorwegpionier George Stephenson gebruikte een gangbare industriële tramspoorwijdte voor zijn eerste spoorlijnen in Engeland. Er bestaan diverse theorieën over de manier waarop Stephensons standaardbreedte tot stand is gekomen. Hoe dat ook zij, op een gegeven moment werd een spoorwijdte van 1435 millimeter wereldwijd het meest toegepast. Deze standaard is gebruikt voor veel spoorwegen in Groot-Brittannië, in veel landen van het Europese vasteland, in Noord-Amerika, in China en elders. Toch hebben breed- en smalspoor ook hun voordelen. Verschillende spoorwegen gebruiken andere standaardbreedten, vaak gebaseerd op

Onder: een elektrische interlokale trein in Perth nadert Mount Lawley op een meerrailige spoorlijn.

Links: een meerrailig goederenspoor wijkt bij een driehoekig knooppunt ten westen van Midland af van de passagiersroute en loopt naar de oost- en zuidkant van de stad Perth, om de containeropslagplaatsen en de haven van Fremantle bereikbaar te maken. Het sluit aan op de 1067 millimeter brede spoorlijnen ten zuiden van Perth. Hier rijdt een goederentrein in westelijke richting, ten oosten van Thornlie.

Linksonder: op dezelfde plek nadert een elektrische interlokale smalspoortrein de terminal van Thornlie.

de lokale behoeften, geraamde bouwkosten en de standpunten van spoorwegbouwers en technici – die vaak lijnrecht tegenover elkaar staan. Breedspoor biedt meer stabiliteit, laat grotere treinen toe (en in theorie een grotere capaciteit) en biedt oplossingen voor technische problemen waarop locomotiefontwerpers in de negentiende eeuw stuitten. Smalspoorlijnen laten sterkere krommingen toe, vereisen minder materiële infrastructuur en hellingshoeken, en maken kleiner, lichter spoorwegmaterieel mogelijk. Over de hele wereld zijn smalspoorlijnen aangelegd in gebieden waar normaalspoorlijnen te duur zouden zijn.

Het was onvermijdelijk dat de breedteverschillen tot problemen zouden leiden. Treinen die voor een bepaalde spoorwijdte zijn gebouwd, kunnen niet zomaar op spoor met een andere breedte worden gebruikt. Dit beperkt de mogelijkheden voor doorgaande diensten en leidt tot complicaties op plaatsen waar lijnen van verschillende breedten samenkomen. Om dit te ondervangen kunnen doorgaande treinen gebruikmaken van het tijdrovende omsporen (waarbij de sets wielen worden vervangen door sets met een andere breedte). Andere opties zijn gebruikmaken van dure, aanpasbare treinen die langzaam door een veranderstation rijden om de wielbreedte aan te passen (zoals in Spanje) of de aanleg van gemengde of 'meerrailige' spoorlijnen.

Meerrailig spoor is de oudste manier om verschillende spoorwijdten op dezelfde lijn te kunnen gebruiken. De meest gebruikte soort is het drierailige spoor, waarbij één rail wordt gedeeld. Waar het verschil in breedte zodanig is dat tussen de binnenste rails te weinig ruimte overblijft voor de wielen, wordt een vierrailig strengelspoor gebruikt. Problemen met drie- en vierrailige systemen ontstaan bij de aanleg van vertakkingen, rangeerterreinen en eindpunten, waarbij wissels worden gebruikt.

Voor technici zijn meerrailige spoorlijnen een ramp, omdat aanleg, ontwerp en onderhoud duurder zijn, maar voor spoorliefhebbers vormen ze een bron van genoegen. Omdat diensten op verschillende spoorwijdten complex en duur zijn, proberen spoorwegmaatschappijen waar mogelijk de lijnen aan te passen aan een vaste standaard. Complexiteit en een afwijkend karakter maken een spoorlijn in de ogen van de kritische liefhebber echter exotisch, dus hoewel stroomlijnen in economisch en praktisch opzicht volkomen logisch is, wordt de spoorlijn er minder interessant door. De meeste moderne spoorwegen hebben de breedteproblemen vereenvoudigd en tegenwoordig is het gebruik van meerrailige hoofdspoorlijnen zeer ongewoon, op enkele uitzonderingen na.

Meerrailig spoor in Australië

De Australische spoorwegen hebben een ongewone achtergrond, wat heeft geresulteerd in uitgebreide netwerken met drie verschillende spoorwijdten. Naast het

normaalspoor van Stephenson zijn veel Australische lijnen aangelegd volgens de Ierse breedspoorstandaard (1600 millimeter); voor andere werd de smalspoorwijdte van 1067 millimeter aangehouden.

Aan het eind van de negentiende eeuw begon Western Australia Government Railways (WAGR) met de aanleg van een smalspoornetwerk (zie de Hotham Valley Tourist Railway, blz. 142-145). Omdat dit West-Australische netwerk buiten de rest van de Australische spoorwegen lag, leverde het breedteverschil weinig problemen op, maar de aanleg van normaalspoorlijnen maakte de situatie lastiger. Australië probeert het probleem van de tegenstrijdige spoorwijdten al sinds de

Boven: een elektrische interlokale smalspoortrein in East Guildford. Let vooral op de meerrailige dwarslijnen in de verte. Deze geven toegang tot de westelijke tak van een driehoekig knooppunt, dat aansluit op een lijn naar het zuiden.

jaren veertig van de vorige eeuw op te lossen, maar er zijn nog steeds verschillende breedten.

In de jaren zestig werd een nieuw normaalspoor-/meerrailig spoortraject aangelegd in het westen van Australië. Dit resulteerde in de druk bereisde meerrailige spoorlijn voor passagiers- en goederenvervoer van Perth naar Northam. Dankzij deze lijn kan de bestaande, op normaalspoor rijdende Trans-Australia Railway, die voorheen reed tot de overgang naar het smalspoorsysteem bij Kalgoorlie, van het oosten helemaal naar Perth aan de Australische westkust reizen. Tegelijkertijd werd de bestaande smalspoorhoofdlijn tussen Northam en Midland Junction voorzien van een nieuwe, meerrailige hoofdlijn langs de Avon River Valley door de Darling Ranges. Het oude smalspoortraject via Clackline, met hellingen van 1 op 40, werd opgeheven.

Over het meerrailige spoor van Perth naar Northam

Een drukke, lokale smalspoorpassagiersdienst vervoert reizigers tussen Perth en Midland. Ten oosten van Midland wordt de smalspoorlijn naar Northam vrijwel uitsluitend gebruikt voor goederenvervoer; het normaalspoor sluit aan op lijnen in het oosten. Er is nog een weinig gebruikte normaalspoorpassagiersdienst over de meerrailige lijn ten oosten van Midland, naar het eind van het meerrailige spoor bij Northam en verder. Deze middellangeafstandstreinen worden geëxploiteerd door Transwa; sommige rijden helemaal naar Kalgoorlie, andere stoppen ten westen van de stad. De reis van Perth naar Northam duurt ongeveer anderhalf uur, het hele stuk van Perth naar Kalgoorlie duurt zes tot zeven uur.

Transwa gebruikt moderne twee- en driedelige dieselmotorwagens, die groter en zwaarder zijn dan de motorwagens op Europese spoorwegen en zeer comfortabele tweezitsbanken hebben. De banken kunnen in beide richtingen worden gedraaid, al naar gelang de wensen van de passagiers.

Ten oosten van Midland is het landschap eerder aangenaam dan spectaculair, en heel landelijk. In de Avon Valley zijn er lichte vegetatie en struikgewas. Vanuit de trein ziet u kangoeroes en kunt u luisteren naar de kakofonie van wilde papegaaien. Dieren kunnen het best 's morgens en 's avonds worden geobserveerd. Bij de aanleg van de nieuwe lijn zijn technische snufjes gebruikt om de hellingshoek te verkleinen, en de moderne treinen lijken er moeiteloos overheen te glijden.

Bij Midland is de lijn het interessantst. Tussen Perth en Midland wordt het noordelijke spoor gedeeld door normaal- en smalspoortreinen, om toegang te bieden tot de perrons in de voorsteden, maar in Midland wordt de smalspoorlijn van de noordelijke rail op de zuidelijke rail overgezet door middel van een bijzondere, misschien wel unieke wissel. De meeste passagiers zijn zich niet bewust van deze bijzonderheid, maar het maakt deze passagiersdienst wel exotisch.

Hiernaast boven: de in oostelijke richting rijdende Indian Pacific *nadert station Mount Lawley, in een buitenwijk van Perth. Het meerrailige spoor eindigt ongeveer tien rijtuigen verderop; de achterkant van de trein verlaat het normaalspoor van de terminal van East Perth.*

Links: het Australische meerrailige spoor bevat prachtig complexe delen, zoals deze dwarslijn tussen de stations van Ashfield en Bassendean op de Midlandlijn. De gedeelde rail wisselt binnen de dwarslijn van kant. Op het gedeelte met een gedeelde passagiersdienst wordt in beide sporen van de dubbele lijn de binnenste rail door beide gebruikt. Verder oostwaarts, waar geen gedeelde passagierslijn is, wordt de noordelijke rail van beide sporen gedeeld – een opstelling waarvoor minder ingewikkelde wissels nodig zijn.

DE WEST COAST WILDERNESS RAILWAY
De trein die van geen ophouden weet

DAVID BOWDEN

De West Coast Wilderness Railway is een reconstructie van de oorspronkelijke dienst van de Mount Lyell Mining and Railway Company Limited van Queenstown naar Strahan (Regatta Point), aan de uiterste zuidwestpunt van het eiland Tasmanië. Er ligt weinig land tussen waar de stoomtrein rijdt en het dichtstbijzijnde land van Antarctica in het zuiden, aan de overzijde van de door de wind geteisterde Zuidelijke Oceaan.

Toen de bouw van de 1067 millimeter brede spoorlijn in 1895 begon, was het gebied een van de afgelegenste delen van de wereld, en dat is niet echt veranderd. Ondanks de aanleg van wegen van Queenstown en Strahan naar Hobart krijgt u nog steeds het gevoel het einde van de wereld te hebben bereikt als de trein door de gematigde bossen langs de 35 kilometer lange route rijdt.

Na de ontdekking van koper in Queenstown was de vraag hoe het koperconcentraat kon worden vervoerd naar de haven van Strahan en de markt. Er werd een route uitgestippeld door het bergachtige terrein, met de steile ravijnen langs de King River en het dichte regenwoud. Zo'n vijfhonderd arbeiders werkten tweeënhalf jaar onder gevaarlijke omstandigheden aan de spoorlijn. De zomers waren bloedheet, en de winters koud en nat. Uit de verslagen blijkt dat er slechts twee doden zijn gevallen tijdens de aanleg. De onderhoudsmonteurs woonden met hun gezinnen in tijdelijke kampementen om de lijn de eerste tijd te onderhouden.

Hiernaast: het landschap langs de route van Queenstown naar Regatta Point bestaat uit wilde rivieren en ongerepte bossen; de trein rijdt langzaam genoeg om de schilderachtige schoonheid te fotograferen.

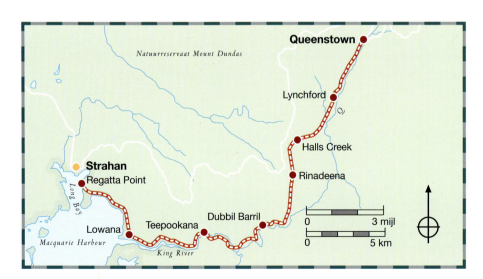

Op sommige delen werd een Abt-tandradsysteem gebruikt om zware ladingen het steile terrein (1:12) op te hijsen. Uiteindelijk reden vijf locomotieven op de lijn. In Australië wordt op slechts één plaats een soortgelijk systeem gebruikt (op Mount Morgan in Queensland). Het systeem, met massieve staven en verticale tanden, is uitgevonden door de Zwitserse ingenieur dr. Roman Abt. Het werd in 1885 voor het eerst toegepast bij de Harzbahn in Duitsland. De tanden in het midden van de rails haken in een klein tandrad onder de locomotief en 'trekken' hem zo de heuvel op; heuvelafwaarts fungeren ze juist als rem.

Toen de treindienst in 1897 van start ging, werd hij geprezen als een schitterend staaltje techniek. De spoorlijn liep over zestig houten bruggen met getrapte schragen, nadat de uitbreiding van Teepookana naar Strahan in 1899 was voltooid. De oorspronkelijke spoorlijn deed 67 jaar dienst. De eerste weg tussen Queenstown en de buitenwereld werd pas in 1932 aangelegd.

De spoorlijn doorstond overstromingen en bosbranden, maar in 1963 dwongen de stijgende onderhoudskosten het mijnbouwbedrijf over te stappen op vrachtwagens, die het koper over de weg naar Strahan vervoerden. De spoorlijn raakte in verval, tot in 1999 een herstelplan werd opgesteld en goedgekeurd. Bosbranden, overstromingen en natuurlijke slijtage hadden meer schade aangericht, en alle stations behalve Regatta Point en een deel van Queenstown waren verdwenen. De vijf treinen verkeerden in verschillende staten van verval en waren verspreid over Tasmanië en het vasteland.

Na een financiële injectie werden het spoor en de infrastructuur hersteld, en werd een deel van de spoorlijn in 2000 heropend. De nieuwe trein is voorzien van speciaal gebouwde rijtuigen van Tasmaans hout, gemodelleerd naar de oorspronkelijke rijtuigen van Mount Lyell. Na een restauratie van drie jaar werd in december 2003 de complete lijn van Queenstown naar Strahan weer in dienst genomen.

Boven: *de trein rijdt door afgelegen, ongerepte bossen. Op de steile delen wordt hij geholpen door het tandradsysteem, dat tussen de rails ligt.*

De toeristentrein vertrekt 's morgens uit Queenstown en volgt de Queen River, voor hij het tandradsysteem bij Halls Creek Siding bereikt. Het stuk van Halls Creek naar Rinadeena Saddle bevat hellingen van 1:16 of 6,2 procent, en passagiers merken al snel hoe belangrijk het tandradsysteem is. Vlak voor Dubbil Barril en het einde van het tandradsysteem passeert de trein de fotogenieke King River Gorge. De route gaat vlak langs de rivier naar Lowana, waar de King River uitmondt in de enorme Macquarie Harbour. De trein rijdt nu over vlak terrein in noordelijke richting, tot Regatta Point, aan de rand van de kustplaats Strahan.

Passagiers kunnen kiezen uit drie reizen: de Rack and Gorge (Queenstown – Dubbil Barril – Queenstown), de River and Rainforest (Strahan – Dubbil Barril – Strahan) en de Queenstown Explorer (Strahan – Queenstown – Strahan). De eerste twee nemen een halve dag in beslag, de laatste een hele dag. Er zijn twee soorten tickets verkrijgbaar, met een normale prijs voor een Heritage Carriage, of een hogere prijs voor een Wilderness Carriage, inclusief een glas Tasmaanse mousserende wijn, een zitplaats in een balkonrijtuig en een lichte maaltijd in de ochtend of middag, of een lunch (afhankelijk van de route).

Onder: de trein passeert zestig schraagbruggen, die worden gezien als technische hoogstandjes.

Passagiers die reizen vanuit Queenstown kunnen voor vertrek van een versnapering genieten in het Tracks Café, in de Railway Gift Shop op zoek gaan naar spoorwegliteratuur en Tasmaanse producten, of meer over de trein te weten komen in het Abt Railway Museum. Activiteiten als goud zoeken, honing proeven, een regenwoudwandeling maken en wijn proeven maken de belevenis nog groter. Naast de mousserende wijn zijn goede Tasmaanse tafelwijnen als pinot noir en sauvignon blanc te koop. De unieke Tasmaanse leatherwoodhoning van bijen in de regenwouden van het Teepookana Plateau is fantastisch.

Onderweg worden zes stops gemaakt: in Lynchford, Halls Creek, Rinadeena, Dubbil Barril, Lower Landing/ Teepookana en Lowana. Een van de mooiste delen is de 163 meter diepe King River Gorge, waar de trein 65 meter boven de kolkende rivier rijdt.

Vanuit Queenstown rijden drie Abt-stoomtreinen: de Abt 1 uit 1896, de Abt 3 (1898) en de Abt 5 (1938). De eerste twee gelden als 's werelds oudste compleet gerestaureerde rijdende locomotieven. De spoorwegmaatschappij gebruikt ook twee originele Drewry 0-6-0-diesellocomotieven van Mount Lyell op het laatste deel van de route. Regatta Point ligt een eindje van het dorp dat bekendstaat als vertrekpunt voor boottochten in de Macquarie Harbour en op de Gordon River, die op de Werelderfgoedlijst van Unesco staat.

Er rijden geen passagierstreinen meer op het kleine Australische eiland Tasmanië, maar er zijn andere treinen en musea – de Wee Georgie Wood Railway, de Redwater Creek Steam and Heritage Society, de Don River Railway, de Derwent Valley Railway, het Launceston Tramway Museum, het Tasmanian Transport Museum, de Railtrack Riders en de Ida Bay Railway. De West Coast Wilderness Railway weet van geen ophouden.

Links: het laatste stuk van de lijn loopt langs de kust en bereikt dan de terminal van Regatta Point bij Strahan.

Boven: de eerste helft van de reis trekt een stoomlocomotief de rijtuigen van de West Coast Wilderness Railway.

Links: een originele Drewry 0-6-0-diesellocomotief van Mount Lyell wordt gekoppeld aan een trein voor het laatste deel van het traject naar Regatta Point.

DE WEST COAST WILDERNESS RAILWAY 157

THE GHAN
Een reis naar het Rode Hart en verder

DAVID BOWDEN

De meeste van de ruim 23 miljoen inwoners van Australië wonen aan de kustlijn. De grootste concentratie bevindt zich in het zuidoosten rond Sydney en Melbourne; achter de vruchtbare kust ligt het lege gebied dat

door de meeste mensen de 'Outback' wordt genoemd. Verder landinwaarts ligt het Red Centre of Rode Hart: een spectaculair, maar dor maanlandschap, dat uniek is op aarde.

Het is nooit makkelijk geweest om er te komen, en communicatie is al net zo moeilijk. Toen in 1872 de Overland Telegraph Line werd geopend, die 3200 kilometer van Darwin in het Noordelijk Territorium naar Port Augusta in Zuid-Australië overbrugt, bracht deze Australië in contact met de rest van de wereld. Kamelen en kameeldrijvers werden uit Afghanistan en een aantal omringende landen naar Australië gehaald om de verlaten en verraderlijke route tijdens de bouw van voedselvoorraden te voorzien.

Kameeldrijvers en kamelen boden in 1878 ook hulp bij de aanleg van de spoorlijn ten noorden van Port Augusta. Het duurde echter nog tot 1929 voor Adelaide per spoor werd verbonden met Alice Springs. Over de langdurige aanleg van dit spoor is veel geschreven.

In 1883 begon de ambitieuze North Australia Railway met de aanleg van een spoorlijn van Palmerston (Darwin) naar het zuiden, om die te verbinden met de lijn die vanuit Zuid-Australië naar het noorden liep. De zuidelijke lijn bereikte Alice Springs en stopte daar; de lijn uit het noorden kwam niet verder dan plaatsen als Adelaide River, Palmerston, Pine Creek en Katherine. Het zou nog decennia duren voordat hij werd verbonden met Alice Springs in het zuiden.

Boven: delen van Centraal-Australië staan bekend om hun felle, rijke kleuren, waaraan het gebied de naam Red Centre (Rode Hart) te danken heeft. Dit geldt met name rond de MacDonnell Ranges langs de route van The Ghan.

Beide waren 1067 millimeter brede smalspoorlijnen, maar hierin kwam in het zuiden vanaf 1957 verandering, toen 1435 millimeter de standaard werd. Het normaalspoor werd in 1980 doorgetrokken naar Alice Springs, maar het duurde nog tot januari 2004 voor de lijn Alice Springs met Darwin in het noorden verbond. De Central Australian Railway werd in augustus 1929 officieel actief met de zogenoemde Afghan Express, afgekort tot *The Ghan*, de naam die is blijven hangen.

De stoomtreinen die naar Alice Springs reden, werden in 1951 vervangen door dieselelektrische locomotieven. Omdat de stoomlocomotieven water nodig hadden, was de oorspronkelijke route zo uitgestippeld dat het kostbare water op afgelegen, droge plekken uit welputten kon worden gepompt. Toen de nieuwe lijn in 1980 opening voor diesellocomotieven, was water niet langer noodzakelijk en kon het spoor 160 kilometer ten westen van de oorspronkelijke route worden gelegd.

The Ghan, die wordt geëxploiteerd door Great Southern Rail, rijdt van Darwin naar Adelaide. Een gewone enkele reis duur drie dagen en twee nachten (54 uur). Sinds kort kunt u tussen eind mei en eind augustus een reis van vier dagen en drie nachten maken, maar alleen van Darwin naar Adelaide.

De meeste passagiers staan versteld van de lengte van de dertig rijtuigen tellende trein: meestal 710 meter, inclusief twee diesellocomotieven (een National Pacific NR-klasse locomotief met een AN- of DL-klasse), rijtuigen voor gasten en bemanning, restauratiewagens, barwagens en transportwagens voor auto's. De trein rijdt gemiddeld 85 kilometer per uur en heeft een topsnelheid van 115 kilometer per uur. Op elke reis verbruikt hij 40.000 liter diesel, en elk rijtuig vervoert 3000 liter water. Er zijn dertig bemanningsleden voor de passagiers, die Platinum, Gold of Red Class reizen en verblijven in accommodaties die uiteenlopen van luxecoupés tot stoelen met verstelbare rugleuningen.

Platinumpassagiers hebben grote privécoupés, loungebanken (die 's avonds in een tweepersoonsbed veranderen), een eigen badkamer en alle maaltijden met regionale producten en dranken, waaronder uitstekende Australische wijn. In de Gold Class zijn de faciliteiten dezelfde, maar minder luxe en ruim. Beide klassen kunnen gebruikmaken van de Outback Explorer Lounge en het Queen Adelaide Restaurant. Passagiers in de Red Class kunnen gebruikmaken van stoelen met verstelbare rugleuningen en maaltijden in het Matilda Café.

De reis gaat grotendeels door de woestijn, maar toch verandert het spectaculaire, eeuwenoude Australische landschap voortdurend. In Katherine en Alice Springs zijn er stops en excursies buiten de trein; de ondergrondse opaalmijnnederzetting van Coober Pedy is een nieuwe bestemming op de vierdaagse reis. Passagiers voor de standaardreis naar het zuiden gaan woensdagochtend aan boord en passeren het weelderige Top End, voordat ze na de lunch in Katherine arriveren. Daar kunnen passagiers de Nitmiluk Gorge bezoeken en varen op de schilderachtige

Links: de schitterend gerestaureerde restauratiewagens van het Queen Adelaide Restaurant in The Ghan.

Katherine River. Aan het eind van de middag gaat de trein verder (van eind mei tot eind augustus rijdt elke zaterdag een extra trein vanuit Darwin, in december en januari rijdt er maar één trein in de veertien dagen).

Na een reis van 1420 kilometer arriveert *The Ghan* vlak na het ontbijt op de tweede dag in Alice Springs, in de schitterende MacDonnell Ranges. Nadat ze de lokale bezienswaardigheden hebben bezocht, gaan de passagiers weer aan boord, om in de vroege middag te beginnen aan de laatste 1559 kilometer. 's Avonds stopt de trein in Manguri, vlak bij Coober Pedy, voor een avond onder de duizelingwekkende sterrenhemel in een heldere woestijnlucht. Adelaide is de eindbestemming op dag 3, en de trein bereikt de hoofdstad van Zuid-Australië vlak voor het middaguur.

De trein is voorzien van airconditioning, maar in verband met de uitstapjes is het belangrijk dat u in het juiste jaargetijde reist. Centraal- en Noord-Australië kennen twee seizoenen: het droge seizoen (van mei tot oktober) en het natte seizoen (van november tot april). Het droge seizoen is de populairste tijd voor een bezoek: het is koeler, de luchtvochtigheid is lager en het regent nauwelijks. In het natte seizoen kunnen regenbuien ertoe leiden dat wegen worden afgesloten en bezienswaardigheden onbereikbaar zijn.

Great Southern Rail exploiteert nog twee andere fantastische Australische treinreizen – de *Indian Pacific* van Perth naar Sydney, en *The Overland Train* van Melbourne naar Adelaide. *The Ghan* wordt soms overschaduwd door de even beroemde *Indian Pacific*, maar is nog altijd een van de geweldigste treinreizen van de wereld.

Deze bladzijden: het moderne tramnetwerk van Porto werd geopend in 2002. Eén lijn steekt de Douro over via de Ponte Luis I, een enorme brug die is ontworpen door Gustave Eiffel.

AAN DE RAND VAN EUROPA

OEKRAÏNE
VAN BOEDAPEST NAAR OEKRAÏNE EN TERUG
Een uitstapje per trein door een vergeten koninkrijk

BRIAN SOLOMON

Het was juli en passend warm toen Denis McCabe en ik van Dublin naar Boedapest vlogen, met als doel per trein naar het oosten te reizen. Het is goed mogelijk om Midden-Europa per trein te verkennen, al gaat dat niet in één enkele rit.

U kunt van tevoren een route plannen, of u kunt kiezen voor een aantal spontane reizen, zoals wij hebben gedaan. In het station Keleti in Boedapest kochten we eersteklaskaartjes voor de *Pannonia* naar Centraal-Roemenië. Het kantoor van de MÁV (Hongaarse spoorwegen) stond vol met computers, maar

internationale tickets werden vreemd genoeg met de hand ingevuld. Toch bleek het kopen van tickets hier eenvoudiger dan verder naar het oosten.

Kort daarna zaten we veilig in onze treincoupé, onder het dak van het indrukwekkende, negentiende-eeuwse station Keleti. De eerste klas in de *Pannonia* was toereikend, maar allesbehalve weelderig. Onze trein vertrok iets na 8.30 uur. Door het raam zag ik hoe de spoorwegpolitie een aantal minder gefortuneerde inwoners van Boedapest van de stationsbanken verjoeg.

De reis gaat via de Hongaarse laagvlakte naar Békéscsaba, vlak bij de grens met Roemenië, waar de *Pannonia* een lange stop maakt, terwijl mensen uit de buurt stapels bezittingen op het perron uitstallen. Passagiers moeten van het eersteklasrijtuig van de MÁV overstappen in een iets minder fris eersteklasrijtuig van de CFR (Roemeense spoorwegen). Even later staken we bij Lökösháza de Hongaars-Roemeense grens over.

Een van de fascinerende dingen aan deze reis is dat de steden en dorpen nog geen eeuw geleden deel uitmaakten van het inmiddels bijna vergeten Habsburgse Rijk. Oostenrijk-Hongarije was de grote verliezer van de Eerste Wereldoorlog, en daarna veranderde alles. Veel van de ooit zo belangrijke spoorlijnen van Hongarije werden afgekapt toen de kaart van Oost-Europa opnieuw werd ingedeeld. De

Boven: een blik door de waaiervormige ramen aan de voorzijde van het station Keleti in Boedapest toont de sporen erachter, die naar verschillende bestemmingen in het voormalige Habsburgse Rijk voeren.

Tweede Wereldoorlog leidde tot meer veranderingen: in Stalins Sovjet-Unie werden lukraak grenzen veranderd en mensen verplaatst. De latere val van de Sovjet-Unie en de inperking van de Russische macht hebben nog meer veranderingen teweeggebracht.

Eenmaal in Roemenië verkeerde de spoorlijn in wisselende staat. Vaak werden de druk bereden, maar met gras overwoekerde rails gedeeld door verschillende passagiers- en goederentreinen. In Suceava was het oude, statige station opgeknapt, maar het had toch nog een Habsburgse uitstraling. We zagen lange treinen naar de Oekraïense grens rijden. Die kant wilden wij ook op, maar omdat we geen Roemeens spraken en slechts een gedateerde Thomas Cookdienstregeling en een reisgids hadden, kostte het ons veel moeite om internationale tickets te kopen.

Uiteindelijk vertelde een vriendelijke, vrouwelijke kaartjesverkoper met een knipoog en een knikje dat we onze tickets naar Oekraïne bij het treinpersoneel moesten kopen. Gewapend met deze kennis smeedde ik een plan. We hoorden dat een sneltrein naar Oekraïne na 13.00 uur een lange tussenstop zou maken op het station van Suceava. We spraken ook geen Oekraïens, maar met behulp van de reisgids schreef ik in Cyrillisch schrift: Odessa, Kiev, en de naam van de dichtstbijzijnde Oekraïense stad bij de grens (Chernivtsi).

Boven: *rond de Oekraïense grens worden vierrailige strengelsporen gebruikt, zodat zowel treinen met Russische afmetingen (1520 mm) als Europese normaalspoortreinen (1435 mm) er gebruik van kunnen maken. Dit spoor ligt bij de grens met Roemenië, op de route van Suceava naar Chernivtsi.*

De trein reed binnen achter een rood-witte elektrische CFR-locomotief en kwam piepend tot stilstand. Er waren een stuk of vijftien zware Russische passagiersrijtuigen, dus positioneerden we onszelf strategisch aan het einde van de trein. Ik benaderde een van de vrouwelijke medewerkers met mijn lijstje. Ik wees op het woord Odessa en knikte naar de trein. 'Njet!' Kiev? 'Njet!' Ten slotte Chernivtsi, waarop ze knikte en ons aan boord liet gaan.

We hadden de eerste hindernis genomen, nu was het tijd om te onderhandelen. De vrouw wees ons een lege coupé en een paar minuten later reed de trein Suceava uit. Het bijna antieke rijtuig dateerde vast nog uit de tijd van de Sovjet-Unie met zijn rode geweven tapijt, bordeauxrode vinyl klapstoelen die ook konden dienstdoen als bedden, en kluizen voor waardevolle spullen. Erboven was een tweede laag bedden: de coupé was ontworpen voor vier personen. De gangen waren bedekt met bruin formica. Er hing een muffe geur van oud treinmaterieel, die me deed denken aan trips met Britse toeristentreinen. Tergend langzaam reden we richting de grens. Onze treinbeambte kwam over de prijs onderhandelen. 'Tien euro,' gaf ze met haar vingers aan. Ze leek er niet helemaal zeker van, tot ik een knisperend biljet tevoorschijn haalde en de deal werd bezegeld. Ongeveer een uur later stopten we voor de Roemeense douane. De paspoorten werden gestempeld en een goed geklede beambte vroeg of we pistolen bij ons hadden. Gelukkig niet.

Bij de Oekraïense douane kwamen grenswachters de trein in – vooral om met het treinpersoneel te kletsen. Naast de douane- en paspoortformaliteiten moest de trein worden omgespoord. Daarvoor werd de complete trein in verschillende delen gerangeerd, werd elk rijtuig opgekrikt en werden de 1435 millimeter brede onderstellen vervangen door de Russische breedte van 1520 millimeter, waarna de trein weer aan elkaar werd gekoppeld.

Een klassieke Russische 2M62-diesellocomotief nam het over. Het duurde niet lang voor we in Chernivtsi aankwamen. Verder konden we niet komen met deze trein. Blijkbaar werd het personeel hier ook gewisseld: de vrouw die onze tickets

Onder: nadat extra rijtuigen zijn aangekoppeld en de locomotief is vervangen, is de trein van Boekarest naar Kiev klaar voor vertrek uit Chernivtsi. Vooraan rijdt een gewone tweedelige 2M62 dieselelektrische locomotief. De M62 is in Rusland is gebouwd, maar maakt gebruik van Amerikaanse technologie.

had geregeld, reisde tot hier, en daarom moesten wij vanaf hier andere tickets regelen. De locomotief werd weer verwisseld en er werden meer rijtuigen aan de trein gekoppeld.

De volgende ochtend kochten we tickets op Oekraïense wijze. Er zal wel een logica in de rijvorming zitten, maar die ontging ons. Oude vrouwtjes gingen voor in de rij staan, niet om kaartjes te kopen, maar om hun beklag te doen bij de persoon achter het loket. Hiervoor was ik al gewaarschuwd door mijn reisgids. Enige tijd later hadden we, ondanks voorkruipende oma's, het Cyrillische alfabet, taalproblemen en een cultuur van bureaucratie, onze eersteklastickets naar Lviv.

Lviv, Lvov, Lemberg

Oekraïense treinen zijn niet snel, maar houden een gestaag tempo aan. De sporen zijn zwaar en stabiel, en zorgen voor een soepele rit. De reguliere treinen lijken op stations veel langer stil te blijven staan dan nodig is, maar uiteindelijk bereikten we na een aangename rit door boerenland de voormalige hoofdstad van Oostenrijks Galicië. De stad die ooit Lemberg heette, is in een eeuw tijd aan drie verschillende landen verbonden geweest. Na de Eerste Wereldoorlog maakte hij deel uit van een nieuwe Poolse staat en werd de naam Lvov (of Lwów). Door de Tweede Wereldoorlog lag hij ineens in de Sovjetstaat Oekraïne. Tegenwoordig heet de stad Lviv.

Het spoorwegstation van Lviv is een paleis. De stad is prachtig, met dezelfde sierlijke architectuur als Praag en andere Habsburgse steden, maar lijdt onder versleten bakstenen en stoffige klinkerwegen. Deze fascinerende stad is een geweldige plaats voor spoorliefhebbers. Er rijden trams door de straten, en een voortdurende optocht van goederen- en passagiersvervoer bezet de hoofdlijnen rond het stadscentrum. Na een paar dagen in Lviv reisden we met een doorgaande trein (uit Moskou) over de Karpaten naar Moekatsjeve. Het is een lange rit vanaf de Russische hoofdstad; de andere passagiers waren al dagen onderweg.

's Avonds verkenden we Moekatsjeve – ook een stad met een complexe geschiedenis, die wisselend deel had uitgemaakt van Transsylvanië en Karpato-Roethenië, dat tussen de twee wereldoorlogen onderdeel was van Tsjechoslowakije en na de oorlog onder de Sovjetrepubliek Oekraïne viel. De volgende dag reisden we naar Tsjop, bij de grens tussen Oekraïne, Slowakije en Hongarije. Daar zagen we veel meerrailige strengelsporen om de breedteverschillen tussen Oost- en West-Europese netwerken op te lossen.

We handelden de Oekraïense immigratie- en douaneformaliteiten af in Tsjop. De exemplaren van de douaneformulieren die ik op mijn eerste dag had ingevuld, werden zwijgend verzameld, en al snel zaten we in een korte internationale trein naar de Hongaarse grens. Deze werd aan een intercity gekoppeld, en zo reisden we in stijl terug naar Boedapest.

VAN BOEDAPEST NAAR OEKRAÏNE EN TERUG 169

Vorige bladzijde: Lviv is een klassieke Europese stad, die een eeuw van beproevingen heeft doorstaan. De stad heeft gebouwen in Habsburgarchitectuur en een tien routes tellend tramnetwerk over een meterspoor. Een Tatratram, model-T4SU, rijdt over de klinkers van het Rynokplein.

Links: het belangrijkste treinstation in Lviv heeft een schitterende, klassieke overkapping met stalen bogen, die in de Habsburgse tijd is gebouwd. Een klasse-ChME3-diesellocomotief van de Oekraïense Staatsspoorwegen (UZ) glijdt over het rangeerspoor.

Boven: een elektrische lokale trein wacht in Moekatsjeve op passagiers. Tussen de twee wereldoorlogen was Moekatsjeve onderdeel van Tsjechoslowakije, maar na de Tweede Wereldoorlog verlegde de Sovjet-Unie de grens naar het westen.

Links: veel Oekraïense lijnen zijn geëlektrificeerd naar Russische maatstaven. Langeafstandspassagierstreinen passeren elkaar in Lviv. De linkertrein wordt geleid door een klasse-ChS4 elektrische locomotief met dubbel voltage, die werkt met zowel 3000 volt DC- als 25kV AC-bovenleidingen.

ESTLAND
VOORMALIGE SOVJETSPOORWEGEN IN EEN NIEUWE ECONOMIE
De nalatenschap van de Russische invloed

BRIAN SOLOMON

Estland is een klein Baltisch land aan de noordoostelijke rand van Europa. Estland is iets groter dan Denemarken en heeft een bevolking van ruim 1,25 miljoen mensen. Het is vanouds geen land waar veel mensen komen om een treinreis te maken. Ten onrechte, want het voormalige Sovjetspoorstelsel is grotendeels onontdekt, en dat maakt een treinreis in Estland tot een exotische belevenis voor serieuze treinreizigers.

In de loop der eeuwen werd Estland afwisselend gedomineerd door zijn grotere,

Onder: elektrische interlokale treinen onder de gloed van een dubbele regenboog op het station van Tallinn. Sinds de afscheiding van de Sovjet-Unie is Estland opgebloeid, maar er zijn nog vele banden met Rusland.

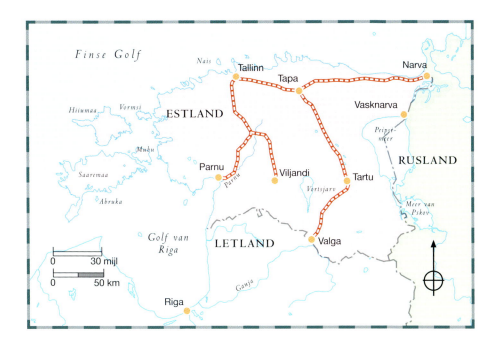

strijdlustige buurlanden, waaronder Pruisen en de Scandinavische landen. In de moderne tijd heeft Rusland de grootste invloed op het land uitgeoefend. Samen met de aangrenzende Baltische staten Letland en Litouwen is Estland na de Eerste Wereldoorlog gesmeed uit de overblijfselen van het tsaristische Russische rijk. De onafhankelijkheid was van korte duur: in 1940 werd het land ingelijfd bij de Sovjet-Unie, waarvan het deel uitmaakte tot in 1991 de onafhankelijkheid werd herwonnen.

De spoorwegen van Estland

De nalatenschap van de Russen omvat een grote etnisch Russische bevolkingsgroep (circa 30 procent van het totaal) en het spoornetwerk, grotendeels aangelegd onder Russisch en Sovjetbewind. Het voldoet aan de Russische normen, waaronder een spoorwijdte van 1520 millimeter en een groot omgrenzingsprofiel. Rusland blijft de belangrijkste internationale bestemming van de Estlandse spoorwegen, en is een bron van goederenvervoer en doorgaande passagierstreinen over lange afstanden.

Al in de jaren veertig van de negentiende eeuw maakte Rusland een begin met zijn spoorwegen, maar de eerste lijn in Estland werd pas in 1870 geopend. Deze route, van Paldiski via Tallinn naar Narva (aan de huidige grens met Rusland), is nog altijd een van de belangrijkste lijnen van Estland en onderdeel van de doorgaande route naar Sint-Petersburg. De Estse breedspoorlijn telde meer dan 770 kilometer toen de Sovjet-Unie het systeem in 1940 opnieuw overnam. Estland had ook een belangrijk smalspoornetwerk. Tallinn was in de jaren twintig van de vorige eeuw begonnen met het elektrificeren van belangrijke interlokale routes, maar de

Links: onder de nalatenschap van de Sovjet-Unie waren treinen en locomotieven, die na de onafhankelijkheid in Estland bleven rijden. Dit is de fabrieksplaat op een klasse-2M62 dieselelektrische locomotief.

Onder: deze stoomlocomotief type-2-10-0 Decapod van de voormalige Sovjetspoorwegen is te bezichtigen aan de oostkant van het rangeerterrein van Tapa.

Boven: Estland heeft aan de Sovjettijd een vloot werkende dieselpassagierstreinen overgehouden, gebouwd in Riga in Letland. Deze trein rijdt het laatste stuk naar het passagiersstation van Tallinn.

Estse spoorwegen profiteerden niet van de elektrificatie van het Sovjettijdperk, en de meeste lijnen stapten pas vanaf 1957 over van stoom op diesel.

Na de onafhankelijkheid werden de Estse spoorwegen in 1992 een staatsbedrijf. Dit onderging tussen 1997 en 2001 een gedeeltelijke privatisering in Britse stijl. Amerikaanse en Britse investeerders gingen een publiek-privaat partnerschap aan in Eesti Raudtee, het Estse spoorwegbedrijf dat verantwoordelijk is voor de infrastructuur, het beheer en het goederenvervoer. De exploitatie vond plaats op Amerikaanse wijze, compleet met geïmporteerde tweedehands General Electric-diesellocomotieven ter vervanging van de Russische locomotieven. Passagiersdiensten werden verdeeld over drie exploitanten: een voor internationale langeafstandsritten naar Russische steden, een voor binnenlandse intercitytreinen, en een voor de elektrische forenzentreinen rond Tallinn. De particuliere exploitatie was van korte duur: in 2007 werd Eesti Raudtee weer een staatsbedrijf.

Een bezoek aan Estland in de post-Sovjettijd

In juli 2002 zette Eesti Raudtee de eerste van de geïmporteerde General Electric C36-7i dieselelektrische locomotieven in voor zwaar goederenvervoer. Deze loco-

motieven hadden gereden voor de Union Pacific Railroad in de VS. Na enkele aanpassingen, waaronder een andere spoorwijdte, waren ze geschikt voor voormalige Sovjetrails. Ik had het geluk om met machinist Vladimir te mogen meerijden op een goederentrein van Tallinn naar Tapa, op een deel van de route die eindigt in Narva. De trein had twee overgeschilderde GE C36-7i-locomotieven, maar met de oude stoelen van de Union Pacific Railroad en het klassieke embleem.

Eesti Raudtee is een belangrijke vervoerder van Russische producten, met name van halfgeraffineerde ruwe olie uit Rusland. Op de terugreis naar de Russische grens bij Narva bestaat de trein grotendeels uit lege oliewagens. De twee Amerikaanse reuzen konden de hoge snelheid op de hoofdlijn ten oosten van Tallinn prima aan. Deze locomotieven zijn sterker dan hun Russische tegenhangers en vereisen minder onderhoud. In de werkplaats echter wees een Russische monteur mij op een aantal in de Sovjet-Unie gebouwde 2M62-locomotieven en zei in perfect Engels: 'Die machines zijn goede locomotieven.' Hij was er nog altijd trots op.

Na vertrek uit Tallinn reden we onder de bovenleiding, aangezien de interlokale diensten van de stad zijn geëlektrificeerd. Enkele minuten buiten Tallinn passeerden we een elektrische trein uit de Sovjettijd, die in tegengestelde richting reed. Eerder had ik in zo'n trein gereisd; toen vond ik hem functioneel, maar spartaans. Vergeleken met de goederentrein was het uitzicht beneden de maat. Anders dan op andere voormalige Russische hoofdlijnen, die grotendeels geëlektrificeerd zijn, is de bovenleiding hier niet voor het goederenvervoer. Buiten het voorstedelijke gebied van Tallinn hield ze op.

Boven: *in juli 2002 importeerde Eesti Raudtee uit de Verenigde Staten aangepaste General Electric-diesellocomotieven voor goederenvervoer. Deze voormalige C36-7i van Union Pacific reed een van de eerste ritten in Estland. Hier trekt hij lege oliewagons bij Tapa, op de terugweg naar het Russische overstapstation in Narva.*

In Tapa was een enorm rangeerterrein. Verder zou ik die dag niet komen. Na het loskoppelen gebruikte Vladimir de locomotief als taxi om mij op het passagiersstation af te zetten. Rond de avond raasde mijn goederentrein in oostelijke richting weg en wuifden Vladimir en zijn remmer mij vaarwel.

De volgende ochtend keerde ik terug naar Tallinn met een passagierstrein, die op dat moment door Edelaraudtee werd geëxploiteerd. Later nam ik een andere intercity naar Viljandi. Deze was comfortabeler dan de trein uit Tapa. Onderweg hielden we halt in Türi, waar veel passagiers uitstapten.

Er rijden nog altijd Estse passagierstreinen en verschillende diensten zijn verbeterd. Langeafstandsritten worden uitgevoerd door GoRail, met een dagelijkse trein van Tallinn naar Sint-Petersburg. Meerdere malen per week rijdt een nachttrein naar Moskou. Binnenlandse treinen, het domein van Eesti Liinirongid – in de volksmond 'Elron' – verbinden Tallinn met andere steden. In samenwerking met de Letse spoorwegen is er een verbinding met Riga in Letland. Nieuwe treinen hebben de overblijfselen uit de Sovjettijd vervangen.

Links: het uitzicht vanaf de bok van een goederentrein van Eesti Raudtee, die in het buitengebied van Tallinn in oostelijke richting rijdt. De bovenleiding wordt alleen gebruikt door forenzentreinen rond Tallinn; goederentreinen en langeafstandspassagierstreinen worden met diesel aangedreven.

FINLAND
NAAR DE NOORDPOOL, OP FINSE WIJZE
Van Helsinki naar het Land van de Middernachtzon

BRIAN SOLOMON

Voor hartstochtelijke treinreizigers is Finland een geweldige bestemming. De VR Group (*valtionrautatiet* is Fins voor 'staatsspoorwegen'; de spoorwegmaatschappij wordt aangeduid met de letters 'VR') biedt uitstekende

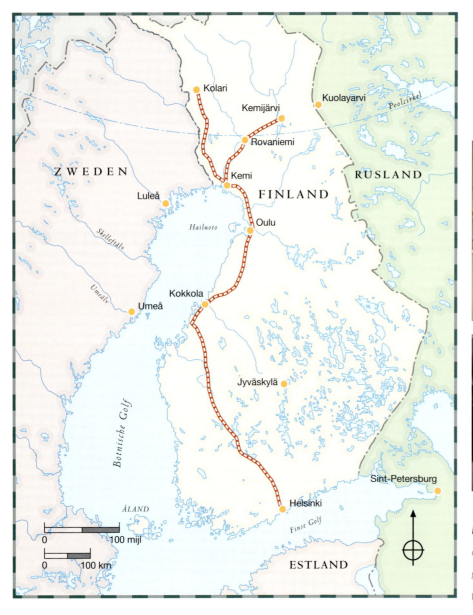

Boven: de Finse spoorwegen hanteren een breed omgrenzingsprofiel en een spoorbreedte die groter is dan normaal; als gevolg daarvan zijn de passagierstreinen hoog, ruim en comfortabel.

intercitydiensten van de hoofdstad Helsinki naar de afgelegenste Finse steden. De treinen verkeren in topconditie en het spoor is grotendeels in perfecte staat (behalve na de jaarlijkse dooi, als onderhoud nodig is). VR werkt veel met traditionele, door locomotieven getrokken treinen, en de rijtuigen zijn ruim en comfortabel en hebben grote ramen. Veel intercitydiensten hebben restauratiewagens waar volledige maaltijden verkrijgbaar zijn; nachttreinen hebben rijtuigen met uiteenlopende accommodatie, waaronder een- en tweepersoonscoupés. VR gebruikt ook moderne Pendolinokantelbaktreinen uit Italië voor de eersteklasdiensten.

De meest exotische reizen zijn die van Helsinki naar het noorden. Twee lijnen bereiken Lapland, ten noorden van de poolcirkel, waar de befaamde middernachtzon in de zomer dag en nacht blijft schijnen. In de winter is het gebied wekenlang in duisternis gehuld. 's Winters kan het noorderlicht te zien zijn, een fascinerend natuurfenomeen dat wordt veroorzaakt door elektrisch geladen zonnedeeltjes die in botsing komen met atmosferische gassen boven de magnetische pool. Het nachtelijke schouwspel kan enkele seconden tot meerdere minuten duren en verlicht soms de hele hemel.

Begin de treinreis naar de Noordpool in de Finse hoofdstad Helsinki. Deze bruisende stad op de noordelijke oever van de Finse Golf is zeer interessant voor spoorliefhebbers. Door de straten loopt een klassiek stadstramsysteem, dat ruimte biedt aan de opvallende, seizoensgebonden Spårakoffpubtram. Deze rode tram moet in het hoogseizoen vooraf worden geboekt. Onder de grond rijdt een metro, en elektrische forenzentreinen verbinden het stadscentrum met de buitenwijken.

De grootste attractie voor liefhebbers van treinen en architectuur is het belangrijkste station van Helsinki, een van de beroemdste treinstations ter wereld. Het is

Boven: Helsinki heeft een traditioneel stadstramnetwerk. Naast de gewone trams kunnen toeristen gebruikmaken van de immens populaire Pubtram, waarin bier en cider worden geschonken tijdens een rondrit door de stad. Wat is er beter dan een reis naar de Noordpool te beginnen met een rondrit door de Finse hoofdstad met een drankje in de hand?

ontworpen door de grote Finse architect Eliel Saarinen. De bouw ging in 1905 van start, maar liep vertraging op door de Eerste Wereldoorlog. Pas in 1919 werd het geopend. Het is een van de laatste klassieke stations van Europa. Saarinen combineerde nationalistische elementen met thema's uit de arts-and-craftsbeweging en de traditionele Finse plattelandsarchitectuur. In die tijd werd Finland nog gedomineerd door het Russische rijk en werd de nationalistische kunstbeweging omarmd als tegenhanger voor de tsaristische invloeden. De veelzeggendste kenmerken zijn te vinden aan de voorzijde, waar een grote doorgang wordt geflankeerd door reusachtige beelden met grote bollen in de handen.

Toch is het Finse spoornetwerk een overblijfsel van Russische overheersing. De sporen zijn gebaseerd op de Russische breedte (de Finse spoorwijdte is 1524 millimeter, tegen 1520 millimeter van de Russische sporen, maar dit verschil is zo klein dat treinen beide lijnen kunnen gebruiken). Het hoofdnetwerk werd in de tsaristische tijd aangelegd en Rusland blijft Finlands belangrijkste compagnon in goederenvervoer. Karelian Trains (met het hoofdkwartier in Helsinki) is een gezamenlijk project van Finse en Russische spoorwegmaatschappijen, dat luxe, doorgaande passagiersdiensten tussen Helsinki en Sint-Petersburg exploiteert. De elektrische Pendolinokantelbaktrein met wisselstroom rijdt tot vier keer per dag voor de *Allegro*-dienst, en er is een nachttrein, de *Tolstoi*, van Helsinki naar Moskou.

Vanuit Helsinki rijden de treinen via Oulu naar de poolcirkel; ze gebruiken één route om Rovaniemi en Kemijärvi te bereiken, en een andere naar Kolari. Er rijdt een doorgaande nachttrein van Helsinki naar Kemijärvi, maar de reis duurt dertien uur, en tenzij u hem maakt tijdens de lange zomerdagen, zult u onderweg weinig kunnen zien. Het is beter om de reis naar de Noordpool in stappen te maken. Neem de trein naar een punt halverwege, zoals Oulu, en breng daar de nacht door voordat u verder naar het noorden reist.

Rovaniemi ligt op de poolcirkel. Het station staat ten zuiden van de beroemde scheidslijn. De stad ligt op de plek waar de rivieren de Ounasjoki en de Kemijoki samenvloeien, en wordt aan drie kanten

Hiernaast: in de vroege twintigste eeuw liet de Finse architect Eliel Saarinen zich inspireren door de Wiener Secession. Hij combineerde elementen van de arts-and-craftsbeweging met traditionele Finse thema's in zijn romantische en nationalistische station van Helsinki.

Onder: de Finse hoofdlijnen zijn grotendeels geëlektrificeerd. Van Helsinki tot de poolcirkel maken treinen gebruik van een bovenleiding. Hier leidt een elektrische klasse-Sr2-locomotief tegen een gevlekte noordelijke lucht bij Oulu een passagierstrein naar het noorden.

Boven: *een speciale midzomernachttrein van Helsinki naar Kemijärvi nadert Oulu, voortgetrokken door een Finse elektrische Sr2-locomotief. Deze trein heeft de nieuwe groen-witte kleuren van de VR Group.*

omringd door water. Een van de hoogtepunten is het Arktikum, een museum en wetenschapscentrum op de poolcirkel. Het museum werd geopend op 6 december 1992, de dag dat Finland 75 jaar onafhankelijkheid vierde. Het heeft een 172 meter lange glazen gang, die het poolgebied in loopt. Vanuit de gang heeft u een schitterend uitzicht op de samenloop van de rivieren.

Kemijärvi is een stadje in de heuvels van Lapland en populair vanwege zijn buitensporten als varen, vissen en hiken. Het is een ideaal uitgangspunt voor een ontdekkingstocht door Lapland. Er rijden weinig treinen; het grootste deel van het jaar komt er slechts één trein per dag aan. De trein van Rovaniemi naar Kemijärvi vertrekt 's morgens.

Treinen naar Kolari worden afgestemd op de vraag, dus is het verstandig om vooraf de website van VR te raadplegen. Treinen uit Helsinki rijden meestal 's nachts naar Kolari. Sommige treinen kunnen auto's vervoeren en vertrekken vanaf station Pasila in een buitenwijk. Ga goed na waar uw trein vertrekt en voorkom zo dat u de trein mist.

Buiten het drukke Helsinki zijn de meeste Finse hoofdlijnen enkelsporen, met strategisch geplaatste passeersporen om het verkeer te laten doorstromen. Het grootste deel van het netwerk is geëlektrificeerd; elektrische doorgaande treinen rijden helemaal naar Kemijärvi ten noorden van de poolcirkel. Sinds 2014 worden de elektrische locomotieven echter vervangen door dieseltreinen om Kolari te bereiken. Achteroverleunen in een comfortabele VR-trein terwijl buiten de eindeloze vergezichten met kerstbomen en stille meren voorbijglijden, en u zich verheugt op de fantastische ervaring van het noorderlicht – dat is een winterse treinrit naar het noorden van Finland.

Links: *de commerciële diensten met stoomlocomotieven in Finland werden in de jaren zeventig van de vorige eeuw stopgezet, maar veel oude locomotieven zijn bewaard gebleven, zoals deze klasse-Tk3 2-8-0, die te zien is in Rovaniemi.*

Onder: *de gecharterde nachttrein P500 van de VR Group, die Russische toeristen van Moskou naar Rovaniemi vervoert, vertrekt uit Kontiomäki in Finland. Vanaf de Fins-Russische grens wordt de trein getrokken door een Finse elektrische Sr2-locomotief.*

NOORWEGEN
DE SPOORLIJNEN BERGEN EN FLÅM
Door tunnels en over bergen naar de fjorden

BRIAN SOLOMON

Noorwegen is een dunbevolkt land met een bijzonder ruig landschap en een grillige kustlijn. De kuststeden richtten zich op de zeehandel en hadden in de negentiende eeuw weinig belang bij een spoorlijn, dus waren de eerste lijnen gericht op het binnenland. Het Noorse netwerk is nog altijd relatief klein, maar gaat over moeilijk terrein en biedt enkele van de mooiste reisavonturen ter wereld.

De Bergenlijn van de Norges Statsbaner (de Noorse staatsspoorwegen) verbindt de hoofdstad Oslo (die tot 1925 Kristiania heette) met de zuidelijke havenstad Bergen. Na de bouw strekte deze route zich 484 kilometer uit over onmogelijk terrein. Slimme technieken waren nodig om het schitterende Scandinavische landschap te bedwingen. De route volgt een kronkelend traject met talloze in de rotsen uitgehouwen delen en ontelbare tunnels. Tegenwoordig staat de route bekend om de aaneenrijging van berglandschappen, afgewisseld met valleien, fjorden en gletsjers – hij behoort tot 's werelds mooiste treinreizen.

Bergen, dat wordt omringd door bergketens, is het westelijke eindpunt van de spoorlijn. De schilderachtige havenstad ligt aan de zuidkant van een fjord aan de kust. Het station ligt vlak bij het historische stadscentrum, dat bekendstaat om

Boven: *een van de spoorattracties in Bergen is de kabelspoorbaan Fløibanen, die 320 meter klimt en een schitterend uitzicht op de omliggende fjorden biedt.*

de vismarkt en de hanzekade Bryggen. Een andere attractie is de kabelspoorweg Fløibanen. De spoorlijn die van de oostkant van de stad naar de hoofdstad loopt, werd in etappes aangelegd. Het westelijkste, 108 kilometer lange stuk tussen Bergen en Voss was oorspronkelijk een smalspoorbaan, waar in 1883 de eerste treinen reden. Deze lijn werd tegen verticale bergwanden aangelegd of ging er via tunnels doorheen. De oostelijke uitbreiding tussen Voss en Oslo werd in 1909 voltooid en gaat door hooggelegen gebieden. Dit deel telt 38 kilometer aan tunnels, met meer dan 180 afzonderlijke boorgaten. De langste is de 5,3 kilometer lange Gravehalsentunnel.

Myrdal is een bergenclave op het kruispunt van de Flåmvallei, en een aftakking van de Flåmlijn. Voorbij Myrdal bereikt de Bergenlijn een hoogtepunt van 1280 meter boven zeeniveau. Hier begint de lange afdaling naar Oslo, met op de laatste kilometers een bochtig parcours door dichte Noorse bossen.

Treinreizen in de Noorse winter

Michael Walsh bereisde de Bergen- en Flåmlijnen midden in de winter, als Noorwegen voldoet aan zijn legendarische reputatie van land van ijs en sneeuw. Michael

Links: Noorwegen is in de winter een schitterend land van ijs en sneeuw, waarvan u het best kunt genieten vanuit een comfortabele langeafstandstrein. Een trein van de Flåmlijn rijdt tussen sneeuwbanken door naar het station van Vatnahalsen.

Links: voor de aanleg van de berglijnen van de Norges Statsbaner (Noorse staatsspoorwegen) waren ingewikkelde ingrepen nodig. De routes volgen een grillig tracé, met diep in de rotsen uitgehouwen delen en lange tunnels. De Flåmlijn bij Pinnelia is hiervan een goed voorbeeld.

ervoer een onwerkelijke belevenis op zijn rit van Oslo naar het westen. 'Het was fantastisch. Als we niet door tunnels reden, waren we in een volledig met sneeuw bedekt landschap. De zon scheen nauwelijks, maar toch bleef het heel licht. Soms kon ik de lucht niet van de grond onderscheiden.'

In Myrdal stapte hij over op de Flåmlijn. De noordwaartse lijn van Myrdal naar Flåm aan de Aurlandsfjord werd aangelegd in de jaren dertig van de vorige eeuw en bevat een bijzonder steile afdaling met een kronkelig traject en een stuk of twintig tunnels. 'Het station was bedekt met sneeuw en we liepen over het perron naar een andere trein, die daar stond te wachten. Eenmaal onderweg reden we al snel een tunnel in. De lijn daalt snel en we kwamen uit de duisternis in een kloof. De trein bewoog zich behoedzaam voort. Op een gegeven moment passeerden we een volledig bevroren waterval.'

Nadat hij met de Flåmlijn was teruggereden, reisde Michael naar Bergen in het westen. Bij aankomst ontdekte hij 'een fraai stadje met veel ouderwetse, houten gebouwen. We bleven er een nacht en zetten onze reis voort per draagvleugelboot.'

De dienstregeling van de Norges Statsbaner wisselt per seizoen en het is verstandig om de vertrektijden en tarieven op internet op te zoeken. De treinen tussen Oslo en Bergen rijden ongeveer vier keer per dag, en er is een nachttrein met slaapcoupés. De reis duurt ongeveer zeven uur. Op de Flåmlijn rijden tien of elf treinen per dag; een enkele reis duurt krap een uur.

Links: de passagierstreinen op de Flåmlijn van de Norges Statsbaner worden aangedreven door zeventien elektrische klasse-17-locomotieven uit de jaren tachtig. Dit type is gebaseerd op de Duitse klasse-120, die voor het eerst gebruikmaakte van gefaseerde wisselstroommotoren voor het zware werk. De meeste werden in 2014 uit de productie genomen.

PORTUGAL
PORTUGESE TRAMS
Rollend antiek in schilderachtige stadslandschappen

BRIAN SOLOMON

Puristen zullen wellicht vinden dat tramlijnen iets heel anders zijn dan zware spoorlijnen, maar beide maken gebruik van sporen en spoorvoertuigen, en de historische stadstramlijnen van Portugal worden vaak onder de spoorhoogtepunten van Europa geschaard. Met name de trams van Lissabon zijn befaamd vanwege hun grote hellingspercentages, sporen door smalle, eeuwenoude kronkelstraatjes, en de schitterende stadsgezichten. Zowel Lissabon als Porto exploiteerde ooit uitgebreide elektrische tramnetwerken, maar die werden radicaal ingeperkt ten gunste van andere vervoermiddelen. In de jaren 1990 leek het erop dat de Portugese trams in de vergetelheid zouden raken, maar ze zijn er nog steeds.

Portugal heeft een goed bezet intercityspoornetwerk. Internationale slaaptreinen met rijtuigen van TALGO verbinden Lissabon en Madrid met elkaar, en Lissabon met de Franse grens (zie blz. 21). Net als Spanje gebruikt Portugal een brede Iberische spoorwijdte, een van de breedste ter wereld. Er is een nominaal verschil in breedte (1664 millimeter in Portugal tegenover 1668 millimeter in Spanje), maar dat heeft geen invloed op de uitwisseling: het materieel kan beide spoorlijnen gebruiken. Een van de mooiste spoorroutes is de lijn vanuit Porto door de Dourovallei.

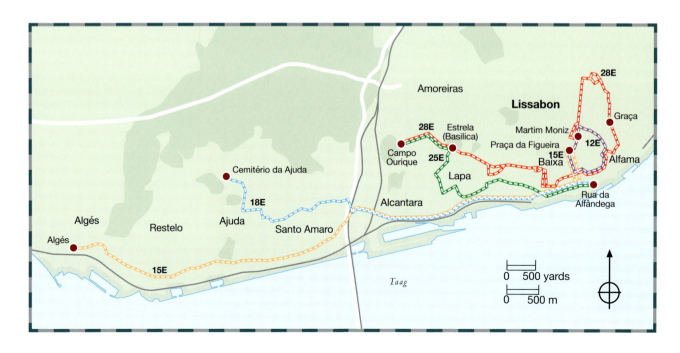

De trams van Lissabon

Lissabon ligt op de heuvels die uitkijken op de monding van de Taag, op de westelijkste punt van het Europese vasteland. Het is de hoofdstad en tevens de grootste stad van Portugal. Volgens de overlevering is Lissabon opgericht door de Griekse held Odysseus. Alfama is de oudste wijk, gekenmerkt door smalle steegjes en kronkelige straten. In 1755 werd Lissabon verwoest door een zware aardbeving.

Portugal had vanouds een nauwe band met Groot-Brittannië, en een van de resultaten van deze internationale relatie is het tramnetwerk in de stad. Het dateert uit 1873 en was in de beginjaren eigendom van een Brits bedrijf.

De spoorwijdte bedraagt slechts 900 millimeter, wat een van de krapste spoornetwerken ter wereld mogelijk maakt. Lissabon had ooit een uitgebreid netwerk; onder de overgebleven lijnen zijn enkele van de extreemste conventionele elektrische tramlijnen ter wereld, die gevaarlijk dicht langs gebouwen gaan en bijzonder krappe bochten nemen. Op plaatsen waar een dubbele lijn niet mogelijk is, is een strengelspoor gebruikt, wat de exploitatie beperkt tot gecontroleerde eenrichtingslijnen, om botsingen te voorkomen. Op andere plaatsen zijn enkele lijnen met korte passeersporen aangelegd, zodat rijtuigen in de ene richting kunnen

Boven: de trams van Lissabon zitten vaak stampvol. Een man die tramlijn 28 in een steegje tot stoppen maant, krijgt een verontschuldigend gebaar van de bestuurder.

plaatsmaken voor trams die de andere kant op gaan.

Van de overgebleven tramroutes hebben de lijnen 25E en 28E de interessantste spoornetwerken en uitzichten. Lijn 28E is vooral interessant voor toeristen, omdat hij door de historische wijken Alfama en Graça kronkelt en na elke bocht een schitterend uitzicht biedt. Lijn 12 maakt een complete ronde over hetzelfde spoor dat door andere routes wordt gebruikt en is populair onder toeristen.

Lissabon heeft zijn historische trams gerenoveerd: de carrosserieën van de rijtuigen ogen nog als de vierwielige trams van voor de Tweede Wereldoorlog, maar zijn gemoderniseerd om ze functioneler te maken. Ondanks hun antieke uitstraling worden de tramroutes geëxploiteerd als onderdeel van het stedelijke vervoerssysteem van de stad. Ze waren te zien in de film *Night Train to Lisbon* uit 2013, met Jeremy Irons. Halverwege de jaren negentig van de vorige eeuw werden nieuwe, lage trams aangeschaft voor lijn 18, die langs de waterkant rijdt en het spoor deelt met de oudere trams in het stadscentrum. Naast de gewone geel-witte trams zijn er speciale rode trams voor toeristen.

Het tramstelsel van Lissabon staat helaas ook bekend om de zeer actieve zakkenrollers. Dit is absoluut niet uniek voor Lissabon, maar het is wel een plaag waarmee u in de tram rekening moet houden. Enig inzicht in de manier waarop deze dieven te werk gaan, kan helpen. Zakkenrollers houden zich vaak op bij tramhaltes en andere drukke plaatsen. Als mensen in de rij staan om in een tram te stappen, slaan de zakkenrollers vaak van achteren toe, door zich in de menigte te mengen en tegen hun slachtoffers aan te duwen. Bescherm uzelf: berg uw waardevolle spullen veilig op en pas op voor onverwachte botsingen als u in een rij staat. Een andere tactiek van zakkenrollers is samenwerken als koppel: een van de twee zal proberen een gesprek met u aan te knopen, soms door te vragen naar de tijd, terwijl zijn of haar handlanger u besteelt. Laat u hierdoor echter niet weerhouden om naar Lissabon te gaan – de trams zijn zeer de moeite waard.

Boven: vanwege de bijzonder steile sporen in combinatie met smalle straatjes en afwisselende architectuur worden de elektrische trams van Lissabon vaak vergeleken met de kabeltram van San Francisco. Beide worden in stand gehouden voor de toeristen en worden ingezet als onderdeel van het vervoerssysteem in de stad.

Hiernaast: de rode trams rijden in Lissabon speciaal voor de toeristen. Een rode toeristentram bedwingt een bochtig spoor bij het Praça da Figueira.

De trams van Porto

Porto heeft twee afzonderlijke tramnetwerken, beide met een 1435 millimeter breed spoor. Het eerste is een overblijfsel van het historische netwerk en maakt gebruik van oude trams op toeristische routes in het stadscentrum. Enkele van de oude vierwielige trams zijn honderd jaar oude Amerikaanse Brills, dezelfde als de vierwielige trams die ooit in veel Noord-Amerikaanse steden reden. Het tweede is een modern netwerk met lage rijtuigen, vergelijkbaar met een licht metronetwerk, waarvan een deel overeenkomt met de voormalige smalspoorlijn waarop stoomtrams reden. Het moderne systeem is niet zozeer exotisch als wel interessant: het voorziet Porto van een uitstekend stedelijk en interlokaal vervoerssysteem. Het hoogtepunt van het moderne netwerk is de oversteek van de Douro via de beroemde Ponte Luis I (zie blz. 162-163) – een enorme stalen boogbrug naar een ontwerp van Gustave Eiffel, die sterke stilistische overeenkomsten vertoont met de beroemde toren in Parijs.

Tussen maart en november rijden de historische trams drie routes. Lijn 1 is een relatief lange route langs de rivier van Hotel Infante bij het Museu dos Transportes e Comunicações (Museum van transport en communicatie) naar Portalegre, onder de imposante Ponte da Arrábida door. Lijn 18 loopt van een afsplitsing van lijn 1 bij het Museu do Carro Eléctrico (trammuseum) over een steil spoor omhoog en maakt bij het stadscentrum een lus. Lijn 22 deelt bij de Carmokerk een stuk van het spoor met lijn 18, en maakt een complete lus door het stadscentrum en over een steil stuk spoor. Daarnaast heeft Porto een steile kabeltramroute van de Ponte Luis I naar het eindpunt van tramlijn 22 bij Guindais.

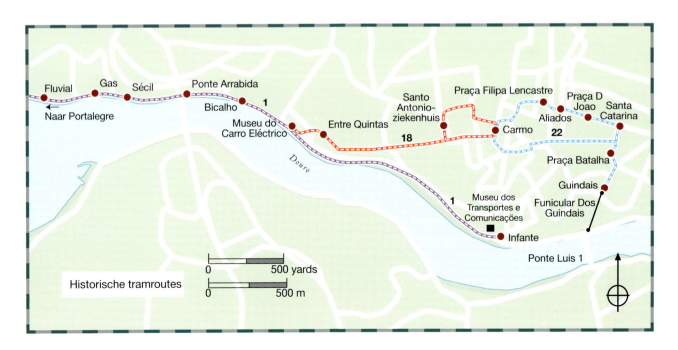

Boven: de trams van Porto rijden op een normaalspoor van 1435 millimeter. Dit is bijzonder in Portugal, waar de spoorwegen meestal gebruikmaken van breed- of smalspoor. Andere tramsystemen rijden op smalspoor.

Links: vergeleken met de trams van Lissabon hebben de oude trams van Porto nog een historisch interieur. In Lissabon worden oude rijtuigen ingezet als onderdeel van het openbaarvervoerssysteem, in Porto worden ze gebruikt op toeristische excursielijnen.

IERLAND
IERSE NEVENLIJNEN
Het is echt *a Long Way to Tipperary*

BRIAN SOLOMON

De eerste spoorlijn van Ierland werd in december 1834 geopend. Het land was, na Engeland, een van de eerste landen met passagiersdiensten met locomotieven. De 9,5 kilometer lange lijn verbond Dublin met de haven van Kingstown (tegenwoordig Dún Laoghaire). Deze eerste spoorlijn werd gebouwd met de Britse standaardwijdte van 1435 millimeter, maar andere vroege Ierse spoorlijnen lieten deze norm los, waardoor aanvankelijk verschillende spoorwijdten werden gebruikt. In 1846 kwam het ministerie van Handel met een nieuwe standaard: in plaats van de 1435 millimeter brede norm van de Ierse Dublin & Kingstown Railway en de meeste Britse lijnen werd gekozen voor een ruw gemiddelde van alle spoorwijdten, wat resulteerde in een Ierse standaard van 1600 millimeter. Dit vreemde compromis is nog altijd in gebruik en werd zelfs overgenomen in een aantal andere landen, waaronder Australië en Brazilië.

Eind negentiende eeuw werden de belangrijkste Ierse steden door spoorlijnen met elkaar verbonden. De uitgebreidste netwerken concentreerden zich rond de stedelijke agglomeraties van Belfast, Cork en Dublin. Naast het breedspoornetwerk werden vanaf 1875 smalspoorlijnen aangelegd om afgelegen plaatsen te verbinden met de breedspoorlijnen. Deze lichte spoorlijnen waren, net als elders in de wereld, goedkoper in aanleg, en in bepaalde gebieden praktischer in het gebruik dan zwaardere lijnen. Deze kleurrijke lijnen waren het eigendom van beroemde bedrijven als de Tralee & Dingle Light Railway, de West Clare Railway en de Londonderry & Lough Swilly Railway. De vreemdste plattelandslijn van Ierland was echter de Listowel-Ballybunion Railway, die gebruikmaakte van de bizarre Lartiguemonorail.

In 1921 bereikten de Ierse spoorwegen hun hoogtepunt met ruim 5537 kilometer spoor. Het uitroepen van de onafhankelijke Ierse staat in 1922 en de afscheiding van de zes noordelijke graafschappen vielen samen met een langdurige periode van economische stagnatie, die haar weerslag had op het Ierse spoornetwerk, dat in de daaropvolgende decennia flink werd uitgedund. Vooral de plattelandslijnen leden hieronder.

Een voor een werden de smalspoorlijnen – eens een bron van genot voor avontuurlijke treinreizigers – gesloten. De West Clare Railway overleefde het langst: de laatste rit vond plaats op 2 februari 1961.

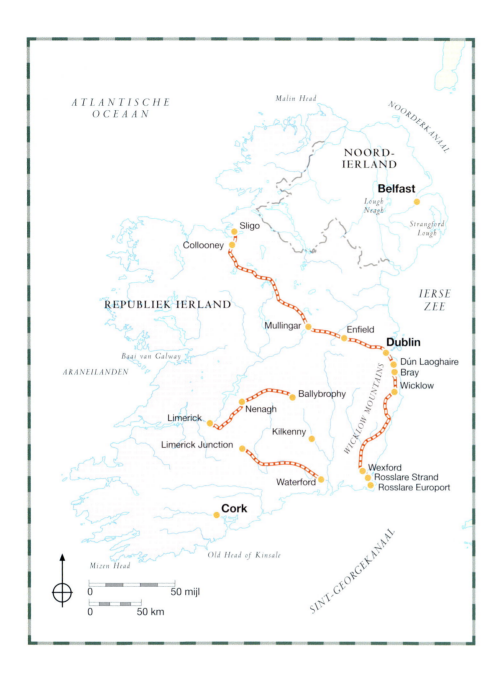

In de loop der jaren vonden allerlei andere veranderingen plaats, waaronder het sluiten van veel plattelandsstations. Recentelijk hebben forse investeringen in de Ierse spoorwegen geleid tot het verbeteren en uitbreiden van de diensten, maar veel van het historische karakter van de overgebleven spoorlijnen, traditionele stations en faciliteiten ging daarbij helaas verloren.

Ondanks decennia van verval en moderne veranderingen bieden de Ierse spoorwegen nog altijd enkele bijzondere reizen – overblijfselen uit vroeger tijden, die de onverschrokken reiziger zullen intrigeren.

De Dublin & South Eastern Railway

Irish Rail exploiteert spoorlijnen in de Ierse Republiek, waaronder intercity's, forenzentreinen en Dublin Area Rapid Transit (DART)-diensten. Een van deze lijnen is de Dublin & South Eastern Railway. Deze omvat de oorspronkelijke lijn Dublin-Kingstown, 's werelds eerste interlokale lijn, die halverwege de negentiende eeuw werd uitgebreid en met andere lijnen verbonden om een doorgaande route van Dublin naar Wexford en verder naar Rosslare Harbour (nu Rosslare Europort) te verkrijgen. De vorm van Ierland wordt wel vergeleken met een teddybeer; Rosslare bevindt zich dan bij de staart.

De Dublin & South Eastern Railway begon bij het station in Westland Row (sinds 1966 Pearse Station). Het werd in 1834 geopend en is waarschijnlijk 's werelds oudste stadsstation dat onafgebroken werd gebruikt. In 1891 werd de lijn via een verhoogde lus verbonden met het Amiens Street Station in Dublins Northside. De elektrische DART-treinen gebruiken de lijn tot aan Greystones, in het graafschap Wicklow. Een rit met de DART ten zuiden van Connolly biedt enkele van de mooiste vergezichten van alle forenzentreinen in Europa, maar de minder frequent rijdende intercitytreinen naar Rosslare zijn comfortabeler.

Bij Booterstown, enkele kilometers ten zuiden van Dublin, gaat de lijn vlak langs de Ierse Zee. Hier volgt het spoor het traject uit 1834; de zeewering tussen de spoorlijn en het strand bestaat deels uit de originele stenen dwarsbalken van de Dublin & Kingstown Railway. Bij Dún Laoghaire draait de lijn landinwaarts en gaat via een diepe doorsteek en een scherpe bocht naar Dalkey. Voorbij Dalkey ligt een korte, gebogen tunnel; daarna gaat de lijn over een richel hoog boven de Ierse Zee verder naar Killiney. Op een zonnige ochtend heeft u een adembenemend uitzicht op de glinsterende blauwe zee, terwijl de trein omlaag glijdt naar Killiney Beach.

Bray is een victoriaanse badplaats en een eindstation van DART, waar treinen tussen twee ritten blijven staan. Voorbij Bray klimt de lijn om Bray Head heen, duikt hij door een reeks tunnels en passeert hij Brandy Hole. Hier vond in de jaren zestig van de negentiende eeuw een groot treinongeluk plaats, waarbij passagiersrijtuigen in het water en op de rotsen ver onder de lijn terechtkwamen. Maar vrees niet, moderne reiziger! Sinds die onfortuinlijke gebeurtenis hebben spoorwegbouwers een betere route uit de rotsen gehouwen, en de huidige lijn loopt verder landinwaarts dan de oorspronkelijke route (waardoor extra tunnels nodig waren).

De DART-treinen en de bovenleiding die ze aandrijft, gaan niet verder dan Greystones, maar de spoorlijn loopt door. De kilometers naar Wicklow gaan langs de kust, waar de lijn weer landinwaarts draait. Bij Rathdrum daalt de lijn door een tunnel en passeert hij de vallei van Avoca. Het landschap blijft aangenaam, maar het indrukwekkendste natuurschoon ziet u in het eerste uur van de reis. Na het station van de stad Wexford – een van de plaatsen langs de lijn die meer dan een

millennium geleden door de Vikingen zijn gesticht – volgt de spoorlijn de weg langs Wexford Quay. De stad ligt rechts van de trein. Rosslare Strand is een knooppunt, waar de niet meer gebruikte lijn naar Waterford via Wellington Bridge zich afsplitst. Het stuk langs de kust tussen Wexford en Rosslare Harbour heeft mooie vergezichten: door de stijgende zeespiegel vindt er erosie plaats, waardoor de lijn op een dag mogelijk zal moeten sluiten.

Boven: uitzicht over de Ierse Zee tussen Dalkey en Wicklow. Een intercity op de lijn Dublin-Rosslare komt de Dalkeytunnel uit in het gebied dat in de volksmond de 'Ierse Riviera' wordt genoemd.

De Tipperarylijnen

Het beroemde lied uit de Eerste Wereldoorlog, *It's a Long Way to Tipperary*, lijkt zeker van toepassing op de nevenlijnen van Irish Rail in het centraal gelegen graafschap. De baanvaksnelheid ligt laag en het lijkt een eeuwigheid te duren om van de ene kant van het traject naar de andere kant te komen. Maar dat hoort bij de charme. Een rit met een van deze lijnen draait om de belevenis, niet om het bereiken van het eindpunt. Een van de bijzondere kenmerken van beide lange Tipperarylijnen is dat ze aan beide kanten aansluiten op andere, actieve routes; de Ierse hoofdlijnen zijn grote routes met kopstations, maar de nevenlijnen zijn dat niet – het tegenovergestelde van wat we van een nevenlijn verwachten. Reizigers kunnen rondreizen maken zonder dat ze over hetzelfde traject terug hoeven. Deze nevenlijnen worden, zoals veel charmante Ierse spoorlijnen, ondergewaardeerd en voortdurend bedreigd.

Zowel de Nenaghlijn (van Ballybrophy naar Limerick) als de lijn Waterford-Limerick Junction maakt nog gebruik van de klassieke seinen uit de victoriaanse tijd. In traditionele seinhuisjes communiceren de seinwachters met elkaar met telegraafinstrumenten, en stellen ze seinen in met mechanische hendels. Het is

Boven: het douanekantoor van Dublin, gezien vanaf de Loop Line tijdens een trip naar Wicklow van de Railway Preservation Society Ireland. Deze eens controversiële brug (sommige victorianen vonden hem afstotelijk) is een van de belangrijkste spoorverbindingen in Dublin en onmisbaar voor de moderne DART- en intercitytreinen.

een van de oudste manieren van seinen, maar ook een van de veiligste. Als u op de Nenaghlijn stilstaat in Roscrea of Birdhill, moet u eens luisteren naar de bellen in de cabine. Dat zijn de communicatiecodes tussen de seinwachters. Kijk dan uit naar de seinwachter, die een metalen staaf aan de machinist geeft, ten teken dat de trein mag doorrijden. Volgens de regels moet elke trein een staaf hebben om toegang tot een spoordeel te krijgen, en kan slechts één staaf worden afgegeven voor elk deel dat in de dienstregeling wordt genoemd.

Boven: locomotief 186 van de Railway Preservation Society Ireland leidt een excursietrein op de Dublin & South Eastern Railway bij Dalkey. Nummer 186 is een klasse-J15 0-6-0 die in 1879 in het Engelse Manchester is gebouwd door Sharp, Stewart & Company. In zijn tijd was de J15 een veelgebruikte locomotief op de Ierse nevenlijnen.

Boven: Irish Rail biedt tweemaal daags een lokale dienst op de Nenaghlijn tussen Ballybrophy en Limerick. Een dieselmotorwagen van de 2800-serie nadert op een zomerochtend op weg naar Limerick het station van Roscrea, in het graafschap Tipperary. Links staat een klassiek seinhuisje van waaruit de seinen worden bediend.

Naar Sligo via de oude Midlandroute

De Midland Great Western Railway (MGWR) reed vanouds op Dublin via een elegant (in neo-Egyptische stijl), maar onhandig gelegen station in Broadstone, aan de noordkant van de stad, vlak bij de King's Inn. De spoorwegmaatschappij vestigde de terminal in Dublin naast het Royal Canal.

In de jaren twintig van de vorige eeuw stuurde de Ierse overheid aan op een samensmelting van bedrijven in het zuiden, waardoor de oude D&SE, de Great Southern & Western Railway en de MGWR in 1925 opgingen in de nieuwe Great Southern Railways. De passagiersdiensten vanaf Broadstone in Dublin werden in 1937 verplaatst naar Westland Row. Als u nu naar Sligo wilt, kunt u de trein nemen op Dublins Connolly Station. Broadstone bleef tot het einde van het stoomtijdperk in de jaren zestig in gebruik als stoomtreindepot. In de jaren zeventig werden de rails weggehaald, maar het gebouw is er nog – het dient nu als hoofdkwartier en busremise van Bus Éireann. Over een tijdje keert het spoor er terug, als een nieuwe tramlijn van Stephen's Green in Dublin naar Broombridge de oude Midlandroute ten noorden van Broadstone zal gaan volgen. Neem de trein naar Sligo en geniet van de voormalige Midlandroute terwijl de trein langs het Royal Canal westwaarts naar Mullingar rijdt. Hier en daar ziet u de oude sluizen en misschien bent u getuige van het passeren van een boot. Op de Midlandroute werd actief gebruikgemaakt van seinhuisjes, tot er in 2005 een modern lichtseinsysteem kwam, dat vanuit Dublin werd bediend. De oude huisjes staan er nog, zoals vlak bij het station van Enfield, bij het gesloten station in Killucan, in Mullingar en in Sligo.

In de bloeitijd was Mullingar een belangrijk knooppunt en een centrum voor veevervoer. De spoorlijn bereikte de plaats in oktober 1848 en werd al snel in westelijke richting uitgebreid naar Galway. Later werd de lijn naar Sligo aangelegd, die hier van de Galwayroute aftak en de stad in 1862 bereikte. Station Mullingar ligt tussen de twee lijnen in. Het oude seinhuisje staat aan het einde van het perron richting Dublin; de kant van Galway is vervallen. Afgezien van jaarlijkse stoomtreinexcursies en een incidentele onderhoudstrein rijdt er niets meer over dit spoor; de treinen op de Galwaylijn kunnen niet verder dan Mullingar. Het laatste treinverkeer vond plaats in mei 2003, toen een speciale trein met onkruidverdelger er de laatste rit maakte. Het spoor ligt er nog, overwoekerd door struikgewas. Irish Rail bedient Galway nu via een andere route over Portarlington en Clara naar Athlone, waar de treinen zich weer op de oude Midlandroute voegen.

De rit van Mullingar naar Sligo is aangenaam en landelijk. In Sligo heeft u een gedenkwaardig uitzicht op Benbulben, een plateau-achtige landmassa, die wordt genoemd in een gedicht van W.B. Yeats.

Onder: Ierland heeft veel mooie negentiende-eeuwse spoorwegstations. Een Rotem-motorwagen van Irish Rail op weg naar Dublin arriveert in Mullingar. De moderne trein contrasteert met de traditionele perronoverkappingen en het klassieke stenen station.

Onder: een speciale stoomtrein van de Railway Preservation Society Ireland rijdt over de Nenaghlijn bij Shalee, in het graafschap Tipperary. Locomotief nummer 4 is een tenderlocomotief die in 1947 is gebouwd voor interlokale ritten rond Belfast. Hij is een van de stoomlocomotieven die worden onderhouden door de RPSI.

Stoom- en spoorexcursies

Irish Rail biedt op alle intercityroutes, inclusief de nevenlijnen, dagelijks meerdere ritten aan. De meeste treinen bestaan uit moderne, in Korea gebouwde Rotem-dieselmotorwagens met comfortabele zitplaatsen, tafels tussen de dubbele banken en grote ramen. Het is echter interessanter om mee te gaan met speciale excursies die oud materieel gebruiken.

De Railway Preservation Society Ireland onderhoudt originele Ierse stoomlocomotieven en traditionele rijtuigen voor excursies. Tot de populairste reguliere ritten behoren die op het traject van de Dublin & South Eastern Railway en naar Mullingar op de Midlandroute. Geselecteerd personeel van Irish Rail is opgeleid om met stoomlocomotieven te rijden en houdt de oude kennis van generaties spoorwegbeambten levend. Het is veel werk om deze locomotieven in werking te houden, en ermee rijden op actieve lijnen vraagt om vakmanschap. Luister naar de uitlaat van

locomotief 461 als die de Glenealy Bank ten zuiden van Wicklow op klimt of snelheid maakt op de Midlandlijn ten westen van Enfield. Zo klonken de spoorwegen bijna een eeuw geleden.

Railtours Ireland First Class is een in Dublin gevestigde touroperator, gespecialiseerd in spoorwegtoerisme. Het bedrijf biedt uiteenlopende reizen, waaronder een jaarlijkse achtdaagse, eersteklas *Emerald Isle Express*, die veel interessante Ierse nevenlijnen aandoet. Belmond, de exploitant van British Pullman en de *Venice Simplon-Orient-Express*, rijdt vanaf 2016 met de nieuwe *Belmond Grand Hibernian*. Deze biedt luxe treinreizen van twee, vier en zes nachten naar bestemmingen in de Ierse Republiek en Noord-Ierland.

Boven: het oude traject van de Midland Great Western Railway biedt een klassieke kijk op het Ierse platteland. Locomotief 461 leidt een excursietrein van de Railway Preservation Society Ireland in oostelijke richting langs het Royal Canal bij Enfield.

BRONNEN

Websites

Alaska Railroad: www.alaskarailroad.com

Australië: voor Hotham Valley: www.hothamvalleyrailway.com.au/

    voor langeafstandspassagierstreinen: www.transwa.wa.gov.au/

    voor de West Coast Wilderness Railway: www.wcwr.com.au of www.greatrailexperiencestasmania.com.au

    voor hoofdlijnen: Western Australia: www.wa.gov.au/

    voor Great Southern Rail: www.greatsouthernrail.com.au

Bolivia: de website van de Empresa Ferroviaria Andina (FCA) van de Andesspoorwegen biedt actuele informatie (maar is sinds 2015 volledig in het Spaans): www.fca.com.bo/subcontenido.

    voor actuele Boliviaanse spoordienstregelingen: www.fahrplancenter.com/

Chili: zie voor dienstregelingen de website van de EFE: www.tmsa.cl/link.cgi/

Europese spoordienstregelingen: zie de website van de Duitse Deutsche Bahn, die duidelijke en overzichtelijke informatie geeft: reiseauskunft.bahn.de/

Finland: de website van VR: www.vr.fi

Hokkaido's lokale treinen: en.visit-hokkaido.jp/access/transportation/rails

Ierland: voor reguliere treinen, tickets en nieuws: www.irishrail.ie

    RPSI-trips: www.steamtrainsireland.com/events/

    Railtours Ireland: www.railtoursireland.com

    Belmond: www.belmond.com

Maleisië: North Borneo Railway: www.northborneorailway.com.my

    Sabah State Railway: www.railway.sabah.gov.my

Marokkaanse spoorwegen: Office National des Chemins de Fer du Maroc (ONCF): www.oncf.ma/

Noorwegen: voor dienstregelingen en tarieven: www.nsb.no/en/our-destinations/

Oriënt-Express: www.belmond.com/venice-simplon-orient-express/journeys/

Peru: voor vertrektijden en tarieven voor de *Andean Explorer*: www.perurail.com/andean-explorer

    voor de PeruRail-trips van Belmond: www.perurail.com/

    voor vertrektijden en tarieven van Inca Rail: www.incarail.com/machupicchu

Portugese nationale spoorwegen, Combros de Portugal: www.cp.pt/

Québec: zie de website van TRT voor actuele informatie: www.tshiuetin.net/

South Shore: voor dienstregelingen en actuele informatie: www.nictd.com

Spaanse spoorwegen: www.renfe.com/EN/viajeros/

Thailand/Maleisië: voor informatie over de *Eastern & Oriental Express*: www.belmond.com

    KTM Berhad: www.ktmb.com.my en de Thaise Staatsspoorwegen: www.railway.co.th

Veerdiensten van Spanje naar Marokko, zie FRS: www.frs.es/en/

Vietnam Railways: vietnam-railway.com/

Zimbabwe: Victoria Falls Steam Train Company: www.steamtraincompany.com

Literatuur

Faith, N. en Wolmar, C. (2014). *The World the Railways Made*. Head of Zeus

Harlow, A. (1947). *Road of the Century*. Creative Age Press

Malik, M.B.K. (1962). *A Hundred Years of Pakistan Railways*. Pakistaanse overheid

Miller, C. (1972). *Lunatic Express*. Macdonald

Peterson, Col. J.H. (1908, nieuwe uitgave 2014). *The Man-eaters of Tsavo*. CreateSpace Independent Publishing Platform

Theroux, P. (1975, in 2008 heruitgegeven door Penguin). *The Great Railway Bazaar*. Houghton Mifflin

Dankwoord

Voor dit boek heb ik gebruikgemaakt van de ervaringen, herinneringen en foto's van een groot aantal doorgewinterde treinreizigers. Ik dank in het bijzonder Paul Bigland, David Bowden en Scott Lothes voor hun geschreven bijdragen.

Michael Walsh is een onverschrokken reiziger met een zeer brede kennis. Hij was zo vriendelijk om materiaal te verschaffen voor veel landen, van het Amerikaanse continent tot Azië, Australië en Europa. Ik bedank Stephen Hirsh en Denis McCabe voor hun hulp bij een aantal Russische en Aziatische verhalen, in het bijzonder over de Trans-Siberische en Trans-Mongolische reizen. Mark Healy assisteerde bij Kenia. Oliver Doyle hielp in de vroege voorbereidingsfase van dit boek. Donncha Cronin bood hulp voor Cuba en Azië. Tom Carver hielp met de Adirondack Scenic en de Quebec, North Shore & Labrador. John Brahaney heeft geholpen met standpunten over de Alaska Railroad. Markku Pulkkinen stond me bij tijdens mijn reizen in Finland en hielp bij het corrigeren van de Finse tekst. Ed Burkhardt, Tom Tancula en de personeelsleden van Eesti Raudtee hebben mijn reizen in Estland mogelijk gemaakt. Ik bedank Mike Abalos, Mike Danneman en Chris Guss voor ritten met de South Shore.

Ken Fox, Pat Yough, Tim Doherty, Hassard Stackpoole, David Hegarty, Gerry Conmy, Peter Rigney, Norman Gamble, Tim Moriarty, Alan Hyland, Dan Smith, Jim Deegan van Railtours Ireland First Class, Tom Hargadon, Clark Johnson Jr. en Steve Carlson hebben allen geholpen met introducties, het uitlenen van onderzoeksmateriaal of foto's, en het geven van adviezen aan de hand van hun reiservaringen.

Ik bedank Colm O'Callaghan, Chris Southwell, Jack Wright, Petri Tuovinen, Hannah Layton van Belmond, Samantha Strawford en Gemma Cánepa; en Daniela Guarderas en Slav Ivanov van Tren Ecuador voor hun hulp bij de illustraties.

Mijn vader, Richard J. Solomon, liet me op jonge leeftijd kennismaken met het spoor en heeft samen met mij veel treinreizen gemaakt in Noord-Amerika, Europa en Japan. Ik mocht putten uit zijn bibliotheek, reiservaringen en fotocollectie, en hij heeft me geholpen met het proeflezen.

Bijzondere dank aan Rosemary Wilkinson en John Beaufoy, zonder wie dit boek niet mogelijk was geweest.

REGISTER

Abaroa 126
Abuta 46, 47
Adelaide 4, 159, 160, 161
Adelaide River 159
Adirondack Scenic Railroad 84-89
Alaska Railroad 76-79
Alausi 132
Alco RS-3, New York Central 87
Algeciras 21
Alicante 21
Alice Springs 159, 160, 161
Allegro 180
Almería 21
Amtrak 77, 86, 94
Anchorage 77, 78
Andean Explorer 112-113, 118-119, 120
Angara, rivier 25
Antequera-Santa Ana 21
Arlberg Oriënt-Express 13
Arlbergpas, Oostenrijk 13
Asahikawa 48, 49
Ashfield 151
Athlone 201
Atocha 126, 127
Aurora Winter 78
AVE 19, 20, 21
Avoca, vallei 196
Azogues 128

Badulla 54, 55
Baikal, haven 25, 29
Baikalmeer 25, 26-27, 29
Balana 54
Balkan 11
Ballybrophy 200
BAM 23, 29
Bangkok 64, 69
Barcelona 19, 20, 21
Bassendean 151
Beijing 23, 32, 33
Békéscsaba 165
Belfast 194
Belgrado 13
Belmond 7, 203
Belmond Grand Hibernian 203
Benbulben 201
Bergen 184, 185, 187
Big Moose Lake 86, 87
Boedapest 10, 13, 14, 15, 17, 164, 165, 168
   station Keleti (Ooststation) 17, 164, 165
Boekarest 17, 167
Booterstown 196
Bosporus 11, 14
Brandy Hole 196
Bray 196

Brig 7
British North Borneo Chartered Company 71, 73
Brugge 13
Brunei 70
Brussel 20
Bucay 133
Budd RDC's 81, 82, 94, 102
Buffalo 86
Bulawayo 134, 135
Bunbury 142, 144
Burns Harbour 98
Buscarril 123, 125
Butterworth 66, 68, 69

California Western Railroad 90-95
California Western Railroad & Navigation Company 93
Camagüey 102
Cameron Highlands 69
Casa Blanca (Cuba) 106, 107
Casablanca (Marokko) 13, 21
CFR (Roemeense spoorwegen) 165
Chiang Mai 69
Chernivtsi 166, 167
Chicago 97, 98, 99
Chillán 114
Chimacalle 130
CityShuttle, Oostenrijkse Staatsspoorwegen 17
Clackline 150
Clara 201
Coastal Classic 78
Colin 115
Colombo 52, 54, 55
Compagnie de l'Est 14
Compagnie des Chemins de Fer de l'Indochine 63
Connolly 196
Consolidated Railroads of Cuba 101, 102
Constantinopel 11, 13
Constitución 114, 115, 116, 117
Coober Pedy 160, 161
Cork 194
Crémaillèrespoorlijn Dalat 62-63
Cuenca 128, 133
Cusco 118, 119, 120, 121

Da Nang 59
Dalat 62, 63
Dalkey 196, 197, 199
Dar es Salaam 136
Darling Range 142, 144, 150
Darwin 4, 159, 160, 161
Denali 77, 78
Denali Star 74-75, 77, 78

Dharampur 41
Donau 17
Douro, rivier 162-163, 192
Dourovallei 188
Dubbil Barril 155
Dublin 194, 196, 197, 198, 200, 201
Dublin Area Rapid Transit (DART) 196, 198
Dublin & Kingstown Railway 194
Dublin & South Eastern Railway 196-197, 199, 202
Duivelsneus 128, 131, 133
Dún Laoghaire 194, 196
Durán 128, 132
Dwarda 142
Dwellingup 142, 143, 145

East Guildford 149
East Perth 150
Eastern & Oriental Express 64-69
Edelaraudtee 177
Eesti Liinirongid (Elron) 177
Eesti Raudtee 175, 176, 177
El Alto 126
El Boliche 130
El Tajar 124
El tren Wara Wara de Sur 126, 127
Ella 54
Elzas-Lotharingen 14
Emerald Isle Express 203
Emeril Junction 81, 82
Empresa de los Ferrocarriles del Estado (EFE) 114, 115, 116
Empresa Ferroviaria Andina (FCA) 123, 124, 126
Enfield 203
Entroncamento 21
Erenhot 30, 33
Ester 77
Estse spoorwegen 172-177
Etmilyn 144
Etomo, schiereiland 46
Eurostar 19, 20
Expedition 121
Expreso del Sur 126, 127

Fairbanks 77, 78
Ferrocarriles de Cuba (FCC) 100-103, 108
Ferrocarriles del Ecuador 128, 131
Fez 21
Flåmlijn 184-187
Fløibanen, kabelspoorweg 185
Forestport 88
Fort Bragg 93, 94, 95
Fremantle 147

Furano 48, 50
Galle 54
Galway 201
Gary 98
Geislinger Steige 14, 15, 16, 17
Gemas 69
George Town 68
Ghan, The 4, 5, 158-161
Glacier Discovery 78
Gobiwoestijn 30, 32
GoRail 177
Gordon River 156
Great Southern Rail 160, 161
Great Southern Railway 160, 161
Great Southern Railways 200
Great Southern & Western Railway 200
Greystones 196
Guaqui 126
Guayaquil 128, 130, 132, 133

Ha Longbaai 61
Hai Van-pas 58, 59, 60, 61
Hakodate 42, 45, 47, 48
Hakodatelijn 49
Halls Creek 155
Hanoi 56, 57, 61
Haputale 53, 55
Harare 134
Hat Yai 69
Havana 100, 101, 102, 103, 104, 106, 107, 108, 109, 110, 111
Helsinki 178, 179, 180, 182
   station 180, 181
Hendaye 19
Herenigingsexpres 56-61
Herkimer 87
Hershey Cuban Railroad 101, 104
Hershey Electric Railway 104-107
Himalayan Queen 41
Hiram Bingham 120, 121
Ho Chi Minhstad 56, 59, 60, 61
Hobart 152
Hoi An 61
Hokkaido 34-35, 42-51
Honshu 48
Hotham Valley Tourist Railway 142-145
Huai Yan 69
Hue 58, 59, 60
Hurricane 78
Hurricane Turn 78

ICE-trein Deutsche Bahn 16, 17
Inca Rail 121
Indian Pacific 150, 151, 161
Ipoh 69
Irish Rail 196, 197, 200, 201, 202

Irkoetsk 25
Irun 19, 21
Isandra Siding 144
Istanboel 10, 13, 17

Jamrud 37
Japanse nationale spoorwegen 47
Johor Bahru 66
Joumonpas 44, 45

Kaapstad 136
Kadugannawa 54
Kalgoorlie 150
Kalimantan 70, 71
Kalka 40, 41
Kanaaltunnel 19
Kanchanaburi 64, 66, 69
Kandaghat 41
Kandy 52, 54
Kanoh 41
Karachi 36
Karakorum 32
Karelian Trains 180
Karikachipas 50
Karlsruhe 14
Katherine 159, 160, 161
Kemijärvi 180, 182
Kensington Tower 98
Kenyan Railways 139
Kenya-Uganda Railway 139
Keratapi Tanah Melayu (KTM) 64
Khyber Mail 38-39
Khyberpas 36-39
Kiev 166, 167
Kilimanjaro 140
Killiney 196
Killucan 201
Kinarut 72, 73
King River 152, 155
Kingstown 194
Koboro 47
Kolari 182
Kontiomäki 183
Kota Kinabalu 70, 71
Kotagala 54
Krugobaikalka 25, 29
Kuala Lumpur 64, 66, 68, 69
Kushiro 42, 48, 51
Kwai, rivier 64, 66, 69

La Quiaca 127
Labrador 80-83
Lake Placid 84, 85, 86, 87
Lampang 69
Landi Kotal 36, 37, 38
Lapland 179, 182
Lemberg 168
Limerick 200
Lissabon 19, 20, 21, 188, 189-191, 193
Listowel-Ballybunion Railway 194
Livingstone 134, 136

Lökösháza 165
Londen 13, 18-21
   St Pancras 19
   Waterloo 19
Londonderry & Lough Swilly Railway 194
Lötschbergpas 7
Lowana 155
Lower Landing 155
Lviv (Lvov) 168, 169, 170, 171
Lynchford 155
Lyon 20

MacDonnell Ranges 159, 161
Machachi 130
Machu Picchu 2-3, 120-121
Macquarie Harbour 155, 156
Madrid 19, 21, 188
Málaga 21
Manguri 161
Marrakech 21
Matanzas 102, 106, 107
Matara 54
MÁV (Hongaarse spoorwegen) 164, 165
meerrailig spoor, West-Australië 146-151
Melbourne 158
Michigan City 98, 99
Midland 147, 150, 151
Midland Great Western Railway (MGWR) 200, 203
Milaan 13
Moekatsjeve 168, 171
Mohawk, Adirondack & Northern (MA&N) 87, 88
Mombasa 138, 139, 140, 141
Montréal 86
Mount Lawley 146, 150, 151
Mount Morgan 154
Mullingar 200, 201, 202
München 14, 15
Muroran 45, 46, 47
Muroranlijn 46, 50
Myrdal 185, 187
Mysovaja 25

Nachodka 23
Nairobi 138, 139, 140, 141
Naoesjki 31
Nariz del Diablo, zie Duivelsneus
Narva 173, 176
National Railways of Zimbabwe 134, 136
Nemurolijn 48
Nenaghlijn 198, 199, 200, 202
Nenana 77
New York 86, 102
Nha Trang 63
Niseko 48, 49

Nong Pladuk Junction 68
Norges Statsbaner (Noorse staatsspoorwegen) 184, 186, 187
North Australia Railway 159
North Borneo Railway (NBR) 70, 71
Northam 150
Northspur 91, 95
Northwestern Pacific Railroad (NWP) 93, 94, 95
Novosibirsk 28
Noyo, rivier 93, 95

Obihiro 48
Odessa 166
Oelan-Oede 30, 31
Okishi 47
Ollagüe 126
Ollantaytambo 121
Olustvere 177
ONCF 21
Onuma Koen 48
Oriënt-Express 7, 10-17
Oruro 126
Oshamambe 45, 48
Oslo 184, 185, 187
Otaru 48
Oulu 180, 182
Outback 159
Overland Train, The 161

Padang Besar 64
Pakistan Railways 39
Paldiski 173
Palmerston 159
Palmira 128, 132
Pannonia 164, 165
Papar 70, 72
Parfumrivier 60
Parijs 10, 13, 14, 19, 20, 21
   Gare de l'Est 13, 14, 15
   Gare du Nord 15, 20
Pasila 182
Penang 64, 66, 68, 69
Perth 142, 144, 146, 147, 150
PeruRail 112-113, 120, 121
Peshawar 37
Phan Rang 62
Pichamán 116
Pine Creek 159
Pinjarra 142, 143, 144, 145
Pinnelia 186
Podi Menike 53, 54, 55
Polgahawela, knooppunt 54
Poroy 121
Port Augusta 159
Portarlington 201
Porto 162-163, 188, 192-193
Potosí 122-125
Pretoria 136
Pride of Africa 135

Primorskiregio, Siberië 8
Pubtram 179
Pudding Creek 90, 93, 95
Puna 119, 120

Quebec, North Shore & Labrador Railway (QNS&L) 80-83
Quebrada Honda 116
Queenstown 152, 154, 155
Quito 128, 130, 132, 133

Railtours Ireland First Class 203
Railway Preservation Society Ireland (RPSI) 199, 202, 203
Rebun 47
Red Centre 158, 159
'Redwood Route' 95
Regatta Point 152, 154, 155, 156, 157
Remsen 86, 87, 88
RENFE 20
Rift Valley Railways (RVR) 139
Riga 175, 177
Rinadeena 155
Rinadeena Saddle 155
Rio Mulatos 124, 126
Riobamba 130
Roscrea 200
Rossija 23, 24
Rosslare 196, 197
Rovaniemi 180, 182, 183
Rovos Rail 135

Sabah 70
Sabah State Railway 71, 73
Salzburg 14, 15
San Francisco 90, 93, 94
San Lorenzo 128
Santa Clara 102, 111
Santiago 114
Santiago de Cuba 102
Sapporo 42, 45, 48
Saranac Lake 86, 87
Sarawak 70
Sausalito 94
Schefferville 81, 82
Seikantunnel 48
Sekihokuhoofdlijn 44, 45
Sekisholijn 48, 50
Senmolijn 51
Sensation Rock 54
Sept-Îles 81, 82, 83
Seward 77, 78
Shalee 202
Shari 50
Shimla 40, 41
Shintoku 50
Shiraoi 45
Shiretoko, Nationaal park 51
Shivalik Queen 41
Sibambe 128, 132, 133
Simplon-Oriënt-Express 11, 12, 13

Simplontunnel 11
Singapore 64, 65, 69
Sint-Petersburg 173, 177, 180
Skunk train 94, 95
Sligo 200, 201
Sljoedjanka 25, 29
Snow Junction 87, 88
Solan 41
Sonwara 41
South Bend 99
South Shore 96-99
Souya Main Line 34
Sovetskaja Gavan 23
Soyalijn 51
Strahan 152, 154, 155
Stuttgart 14, 15
Suceava 166
Sucre 122-125
Sud Express 19, 21
Sühbaatar 31
Super Hokuto 42, 43
Super Ozora 42
Sydney 158

Tajsjet 23
Takikawa 48
Talca 114, 115, 117
TALGO 19, 21
Talkeetna 78
Tallinn 172, 173, 175, 176, 177
Tanger 21

Tanjung Aru 70, 72
Tapa 176, 177
Tasmanië 1, 2, 152-157
Teepookana 154, 155
Tenom 70, 71, 73
TGV 19, 20
Thap Cham 62
Thendara 86, 87, 88
Thornlie 147
Tipperarylijnen 198-199, 200
Titicacameer 118, 119, 126
Toconey 116
Tolstoi 180
Toyameer 47
Toyoura 51
Trai Mat 63
Tralee & Dingle Light Railway 194
Trans-Mantsjoerijse spoorlijn 23, 25
Trans-Mongolische spoorlijn 23, 25, 30-33
Trans-Siberische spoorlijn 8-9, 10, 22-29
Transsylvanische Alpen 17
Transwa 144, 150
Tren Crucero 128-129, 130, 132
Tren de la Dulzura 130
Tren de la Libertad 130
Tren de Los Volcanoes 130
Triëst 13
Trinidad 109

Tshiuetin Rail Transportation Incorporated (TRT) 81, 82
Tsjop 168
Tumpat 69
Tupiza 127
Türi 177

Udarata Menike 55
Ulaanbaatar 25, 30, 31, 32
Ulm 15
United Railways of Havana 101
Urbina 128
Ussunysk 23
Utica 84, 86, 87, 88
Uyuni 126

Vatnahalsen 186
Venetië 13
 Venice Simplon-Orient-Express 7, 13, 203
Verona 13
Victoria Falls Steam Train Company 134-137
Victoriameer 138, 140, 141
Victoriawatervallen 134-137
Vietnamese spoorwegen 56, 62
Viljandi 177
Villazón 126, 127
Vista Dome 121
Vladivostok 10, 22, 23, 25
Voss 185

VR Group 178, 179, 180, 182, 183
Vulkaanbaai 46, 51

Wagon-Lits, Compagnie Internationale des 10, 11, 14, 19
Wakkanai 51
Waterford 197
Wenen 10, 13, 14, 15, 17
West Clare Railway 194
West Coast Wilderness Railway 1, 152-157
Western Australia Government Railways (WAGR) 142, 143, 149
Wexford 196, 197
Whittier 77, 78
Wicklow 196, 197, 198, 203
Willits 93, 94, 95

Ybbs 17
Yoteiberg 48, 49
Yubari 46

Zagreb 13
Zambezi Lager Party Express 136, 137
Zambezi, rivier 134, 135
Zambia Railways 136
Zaudinski 30

Oorspronkelijke titel: The World's Most Exotic Railway Journeys

Oorspronkelijk uitgegeven in 2015 in het Verenigd Koningrijk door John Beaufoy Publishing

© 2015 John Beaufoy Publishing Limited
Tekst © 2015 John Beaufoy Publishing Limited
Cartografie © 2015 John Beaufoy Publishing Limited
Ontwerp: Glyn Bridgewater
Cartografie: William Smuts
Projectleiding: Rosemary Wilkinson

Nederlandstalige uitgave:
© 2017 Veltman Uitgevers, Utrecht
Redactie en productie: Vitataal, Feerwerd
Vertaling: Saskia Peeters/Vitataal
Opmaak: De ZrIJ, Maarssen
Omslagontwerp: Ton Wienbelt, Den Haag

ISBN 978 90 483 1389 1

Gedrukt en gebonden in Maleisië door Times Offset (M) Sdn. Bhd.

Alle rechten voorbehouden

Deze uitgave is met de grootst mogelijke zorgvuldigheid samengesteld. Noch de maker noch de uitgever stelt zich aansprakelijk voor eventuele schade als gevolg van eventuele onjuistheden en/of onvolledigheden in deze uitgave.

Voor meer informatie: www.veltman-uitgevers.nl

Fotoverantwoording Belmond 7, 12, 13, 120, 121; Paul Bigland 41, 53, 54, 55; David Bowden 1, 62, 63, 64, 65, 66, 67, 68, 69, 70, 71, 72, 73, 135, 136, 137, 153, 154, 155, 156, 157, 159; Tom Carver 81, 83; Donncha Cronin 108, 109, 110, 111; Graham Duro 34-35; Great Southern Rail 5, 159, 161; Mark Healy 139, 141; Stephen Hirsch 25; Scott Lothes 43, 44, 46, 47, 49, 50, 51, 56, 58, 59, 60, 61; Denis McCabe 23, 28, 29, 30, 31, 32, 33; Colm O'Callaghan 101, 102, 103 (boven), 104, 105, 106; PeruRail 112-113, 119; Shutterstock.com/Ami Parikh 74-75, rory cummins 26-27, russal 8-9, serjio74 2-3; Brian Solomon 14, 15, 16, 17, 19, 20, 21, 85, 87, 88, 89, 91, 92, 93, 95, 97, 98, 99 (onder), 162-163, 165, 166, 167, 169, 170, 171, 172, 174, 175, 176, 177, 178, 179, 180, 181, 183 (boven), 189, 190, 191, 193, 197, 198, 199, 200, 201, 202, 203; Richard J. Solomon 94, 99 (boven); Chris Southwell 77, 79; Tren Ecuador/David Grijalva 129, 131, 132, 133; Visit-Bergen - Visitnorway.com/Pål Hoff 185; Visit Flåm/Rolf M. Sørensen 186, Petri Tuovinen 182, 183 (onder), E.A. Vikesland 187; Michael Walsh 37, 38, 39, 103 (onder), 107, 115, 116, 117, 123, 125, 126, 127, 143, 144, 145, 146, 147, 149, 151; Jack Wright 82.